성공의 차이를 만드는

의사소통과 자기계발

문소윤

지식인

성공의 차이를 만드는

의사소통과 자기계발

2019년 6월 15일 초판 1쇄 인쇄
2019년 6월 20일 초판 1쇄 발행

지은이 | 문소윤
펴낸이 | 김종욱 · 명사동
펴낸곳 | 지식인
등 록 | 제301-2013-134호
주 소 | 서울시 도봉구 도봉로 180길 20 투웨니퍼스트 102동 602호
전 화 | 02)2266-8606 (대)
팩 스 | 02)2266-8607
E-mail | jisikin2013@naver.com
홈페이지 | www.jisikinbook.co.kr

ISBN 979-11-88105-37-3 (93320)

값 18,000원

성공의 차이를 만드는

의사소통과 자기계발

2009년 유럽의 사회심리학 저널에서, 행동을 바꾸는데 얼마 만큼의 시간이 필요한지에 대한 연구논문이 발표되었습니다. 필리파 랠리와 그의 동료들이 96명의 참가자들을 대상으로 한 실험에서, 새로운 습관을 만드는데 걸리는 시간은 약 66일 정도 된다고 보고했습니다. 여기서 그는 식사 후 과일 먹기나 매일 물 마시기 등과 같은 간단한 습관에서부터 시간이 꽤 오래 걸리는 습관까지 조사했습니다. 짧게는 18일 정도 걸린 습관이 있는가 하면, 254일이나 걸린 어렵고 힘든 습관도 있었습니다. 아이들에게 독서하는 습관이나 공부하는 습관을 길들이는 데는 당연히 더 많은 시간이 걸릴 것이고, 매일 등·하교 때 인사하기와 같이 비교적 단순하고 쉬운 습관은 짧은 시간에도 형성된다는 사실을 연구 결과가 아니라도 쉽게 짐작할 수 있습니다.

습관 형성에 걸린다는 66일은 이미 교육학자들도 잘 알고 있습니다. 그래서 삶의 변화를 가져오는 기술 습득을 위한 프로그램을 개발할 때, 짧게는 8주에서 10주, 그 이상으로 12주 과정으로 학습하도록 계획합니다. 이 과정을 거치면서 첫 단계에는 지식이 습득되고, 그 다음 단계에서는 습득한 지식으로 인해 태도의 변화가 일어납니다. 이러한 태도의 변화가 행동의 변화로 이어지기 때문에, 커리큘럼을 개발하는데 그와 같은 기간을 설정하는 것입니다.

그런데 안타깝게도 빨리빨리 돌아가는 인스턴트에 익숙해진 현대사회에서 이처럼 시간이 걸려야 내것으로 만들 수 있다고 아무리 설명해도 소용이 없습니다. 이는 주어진 과정을 빨리 끝내고 싶은 유혹이 많기 때문입니다. 지식 습득의 결과가 행동으로, 더 나아가서는 내 몸에 배인 습관으로 정착될 때 비로소 내 능력이 변화되었다고 할 수가 있습니다.

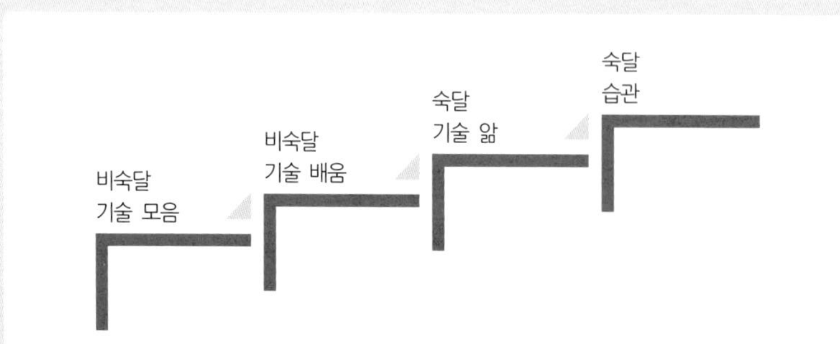

자료 : 정정숙 · 김충정. 마음을 움직이는 10가지 대화 기술푸레.

기술을 배우는 과정

에리히 프롬은 그의 저서에서 기술 습득의 과정을 셋으로 나누었습니다. 첫째는 이론의 습득, 둘째는 실천을 통한 습득, 셋째는 기술의 숙달입니다. 이 과정을 통해 어릴 적부터 몸에 배인 좋지 않은 습관이 좋은 습관을 가지는 능력의 패턴으로 바뀌는 것입니다.

여러분들의 의사소통과 자기계발 능력은 지금 어떠한 단계에 해당하나요?
앞으로 의사소통과 자기계발 수업이 진행되는 동안 어떠한 변화를 기대하나요?
어떠한 목표가 있나요?

올바른 의사소통과 자기계발 기술을 배우고 이를 연습하며 반복 훈련을 지속적으로 하는 것이 중요합니다. 즉 하루아침에 나의 것으로 되질 않고 꾸준히 노력하고 연습하고 인내하며 훈련하는 가운데 얻어지는 기술입니다. 따라서 개념부터 차근차근 복습하면서 의사소통과 자기계발 기술을 향상하기 위한 노력을 하기 바랍니다. 수업을 다 들었다, 혹은 교재를 한 번 읽어보았다는 것에만 목표를 두지 말고, 교재 안의 실습을 적극적으로 실천하여 나의 의사소통과 자기계발 능력에 확실한 변화를 기대해 보는 것은 어떨까요?

저자　문소윤

PART 1 의사소통

P A R T ❷ 자기계발

PART 1

의사소통

성공의 차이를 만드는
의사소통과 자기계발

CHAPTER 01

커뮤니케이션 능력의 중요성

학습목표

- 커뮤니케이션 능력의 중요성을 이해할 수 있다.
- 커뮤니케이션 과정과 기본요소를 설명할 수 있다.
- 커뮤니케이션 자기진단 분석결과를 이해하고 실천방안을 작성할 수 있다.

1. 커뮤니케이션 능력의 중요성

마셜 로젠버그는 "우리 자신이 변하면 우리는 이 세상을 바꿀 수 있다. 우리 자신을 바꾸는 것은 우리가 매일 쓰는 언어와 대화방식을 바꾸는 데서 시작한다."라고 이야기했다.

사람은 태어날 때부터 자신의 의사를 표현하면서 살아가고 있다. 그런데 태어날 때부터 자신의 의사를 여러 수단으로 익숙하게 전달해왔기 때문에 의사전달을 하는 것이 어렵지 않고 당연한 것으로 생각하고, 커뮤니케이션의 중요성을 의식하지 못하는 경우가 많다. 현대사회는 의사소통을 얼마나 잘 하느냐에 따라 인간관계의 성패가 좌우된다고 해도 과언이 아니다. 원만한 인간관계를 형성하고 유지하는데 있어서 소통 능력은 매우 중요하다. 직장에서도 마찬가지다. 상사나 동료 혹은 부하 직원 사이에 업무상 원활한 커뮤니케이션이 이루어지면 상호간에 공감이 충분히 이루어지고, 이는 조직 안에서 팀워크와 그들이 이루어내는 성과에 긍정적인 영향을 준다. 더불어 조직 외부의 사람들과도 최상의 커뮤니케이션으로 업무 실적과 인간관계에 좋은 영향을 줄 수가 있다.

미국의 카네기재단에서는 백만 달러를 투자해서 5년 동안 성공한 사람들 1만명을 기준으로 이 시대에 성공한 사람들의 비결을 조사했다. 조사 결과, 이들 중 머리, 기술, 노력으로 성공한 사람이 불과 15%이고, 나머지 85%가 인간관계를 통해서 성공한 것이 성공의 비결이라고 대답했다. 하버드 대학의 직업보도국에서는 졸업생 중에서 실직자를 대상으로, "왜 직장을 그만두셨습니까?" 하는 실직의 이유에 대해 조사를 했다. 조사 결과, 업무적으로 무능해서라는 이유보다는, 인간관계가 나빠서 조직에서 적응하지 못해 실직한 사람의 수가 두 배에 가까웠다. 이것은 인간관계가 얼마나 중요한가를 보여주는 예이다.

인간관계를 맺을 때 서로간의 감정을 표현하게 된다. 감정 표현을 통해 인간관계를 시작하는데, 이때 가장 중요한 역할을 하는 것이 커뮤니케이션이라 할 수 있다. 모든 인간관계의 기본 수단은 커뮤니케이션이며, 원만한 인간관계를 형성하고 유지하려면 효율적인 커뮤니케이션 능력을 갖춰야 한다.

효율적인 커뮤니케이션 능력은 다음과 같은 이유에서 매우 중요하다.

첫째, 서로가 무엇을 원하는지 파악하고 공감하기 위해서이다. 우리는 서로가 무엇을 원하는지 말이나 행동으로 표현하지 않고서는 그것을 헤아릴 수 없고, 그것을 이해하기가 더욱 어렵다.

둘째, 서로가 필요로 하는 정보를 공유하고 설득력 있게 설명하기 위해서이다. 정보가 잘 교류되는 사람들의 특성을 보면 서로 비슷한 경우가 많다. 자신과 비슷한 상대방을 신뢰하고 그가 설명하는 것에 설득되는 경우가 많다.

셋째, 서로의 문제를 해결하기 위해서이다. 대인관계를 형성하다보면 늘 새로운 문제가 발생하게 되는데, 이것을 해결하는 방법 중에 하나가 서로의 생각이나 느낌을 표현하는 것이다.

넷째, 서로에게 신뢰감을 주고 더욱 친밀하게 만들기 위해서이다. 자신의 이야기를 허심탄회하게 하는 것만으로도 상대방의 마음을 여는데 효과적이다. 내가 먼저 내 이야기를 하게 되면 상대방도 자신의 이야기를 하게 되고, 서로를 좀 더 알게 되면서 신뢰감을 형성하게 된다. 즉 효율적인 커뮤니케이션 능력은 현대인들에게 가장 큰 경쟁력이라 할 수 있다.

실습 커뮤니케이션 자기진단

자신의 커뮤니케이션 방식을 알아보기 위해서 다음과 같이 커뮤니케이션 진단을 해보자. 문항을 읽고 자신의 상황에 가장 가까운 점수를 아래 기준에 맞추어 빈 칸에 작성한다.

전혀 그렇지 않다(1점) / 그렇지 않다(2점) / 조금 그렇다(4점) / 매우 그렇다(5점)

나는 평소에	점 수			
1. 커뮤니케이션의 구성요소에 대해 자신 있게 말할 수 있다.				
2. 가까이 지내는 사람들은 나와 의논하는 것을 좋아한다.				
3. 상사와 업무상 대화에서 나의 생각을 부담 없이 말하는 편이다.				
4. 사람들의 성격이 대화에 영향을 미친다는 사실에 대해 잘 알고 있다.				
5. 커뮤니케이션에 도움을 주는 스킬에 대해 세 가지 이상 말할 수 있다.				
6. 상대방의 이야기를 들을 때 적극적으로 반응을 보이는 편이다.				
7. 아무리 복잡한 내용도 핵심을 중심으로 간결하게 잘 정리한다.				
8. 상대가 기분 나쁜 말을 하면, 화를 내기 전에 그 입장을 이해하려고 한다.				
9. 사람들의 커뮤니케이션 스타일에 관심을 가지고 있다.				
10. 상대가 고민을 털어놓을 경우 충고하기보다 많이 듣는 편이다.				
11. 업무와 관련된 사항을 정해진 시간 안에 간단명료하게 말하는 편이다.				
12. 최근 6개월 사이에 유행하는 신조어 5개를 1분 안에 말할 수 있다.				
13. 우리 조직의 커뮤니케이션 문화에 대해 잘 알고 있다.				
14. 업무에 필요한 지식이나 정보를 정기적으로 습득하는 편이다.				
15. 후배(부하)의 수준에 맞춰 알기 쉽게 말해 주는 편이다.				
16. 커뮤니케이션을 방해하는 유형에 대해 들어본 적이 있다.				
17. 사람들의 성격별 화법의 차이에 대해 관심이 많은 편이다.				
18. 세미나나 회의 등을 다녀오면 중요한 내용을 요약, 정리한다.				
19. 업무에 필요한 문서(보고서, 기획서)를 부담 없이 작성하는 편이다.				
20. 중요한 의사결정 시 감정(편견)에 흔들리지 않고 기준에 충실한 편이다.				
합 계	A	B	C	D

자료 : 고선미 · 김정아 · 류병진. 현대인의 대인관계와 의사소통, 액션북의 내용을 재구성.

실습

커뮤니케이션 자기진단 분석 결과

25				
24				
23				
22				
21				
20				
19				
18				
17				
16				
15				
14				
13				
12				
11				
10				
09				
08				
07				
06				
05				
04				
03				
02				
01				
점수 / 기준	A (지식)	B (수용)	C (표현)	D (환경 이해)

A : 커뮤니케이션에 대한 기본 지식과 준비도(지식)

B : 메시지를 적극적으로 수용할 수 있는 능력(수용)

C : 메시지를 알기 쉽게 표현할 수 있는 역량(표현)

D : 커뮤니케이션 환경에 대한 이해도(환경 이해)

2. 커뮤니케이션의 개념

커뮤니케이션의 본질을 보다 쉽게 이해하기 위해서는 먼저 단어의 어원을 살펴볼 필요가 있다. 커뮤니케이션Communication은 '공통되는Common' 혹은 '공유한다Share'라는 뜻의 라틴어 'Communis커뮤니스'에서 유래한다(파생단어 가운데에는 '공동체'를 의미하는 'Community'가 있다). 커뮤니케이션은 결코 혼자 하는 것이 아니며, 누군가와 나누는 것임을 알 수 있다. 실제로 커뮤니케이션 없는 공동체 또는 공동체 없는 커뮤니케이션은 상상하기가 어렵다. 커뮤니케이션은 인간으로 하여금 사회적 존재로서 살아가게 만드는 도구가 된다.

커뮤니케이션을 『표준어국어대사전』에서는 "사람들끼리 서로 생각, 느낌 따위의 정보를 주고받는 일"이라고 등재되어 있다. 말이나 글, 그 밖의 소리, 표정, 몸짓 따위로 이루어진다는 뜻으로 '의사소통', '의사전달'로 순화하여 사용할 수 있다. 즉 커뮤니케이션은 시작과 끝이 보이는 선형적인 것이 아니라, 순환적 · 역동적이며 계속 이어지는 하나의 과정이다. 따라서 여러 사람들과 커뮤니케이션 할 때 내가 하고자 하는 말을 오해 없이 잘 전달하는 것도 중요하고, 상대방이 전달하고자 하는 메시지를 충분히 이해하며 잘 공감하는 것이 중요하다. 그래서 커뮤니케이션은 상대방의 마음을 기분 좋게 하는 것은 무엇인지, 혹은 기분 상하게 하는 것이 무엇인지, 상대방의 마음을 읽고 이해하고, 유대를 강화하며, 상대방을 배려하는 마음가짐도 중요하다. 또한 말만이 아닌 행동과 함께 의사를 전달하는 방법을 제대로 이해하고 실천할 수 있어야 한다. 따라서 커뮤니케이션 과정을 살펴보고, 커뮤니케이션의 구성 요소를 알아보자.

3. 커뮤니케이션 과정과 요소

커뮤니케이션 과정을 통해 커뮤니케이션 요소를 살펴보자. 서로의 정보와 생각, 감정을 공유하는 과정에서 메시지를 전달하는 전달자와 메시지를 전달받는 수신자가 있다. 전달자와 수신자 사이에서 주고받는 메시지란 '상대방을 이해시키려는 의도에서 만들어내는 신호'라고 할 수 있다.

커뮤니케이션에 참여하는 사람들이 주고받고자 하는 것은 결국 '메시지Messages'이다. 메시지는 반드시 언어를 통해 일어나지도 않는다. 물론 언어가 가장 손쉽고 효과적인 방편이긴 하지만 손짓이나 발짓, 얼굴 표정 등 비언어도 간단히 메시지를 만들어 보내거나 이해할 수 있다. 인간은 목소리를 이용하여 언어 메시지를 만드는 것과 몸을 이용해서 비언어 메시지를 만들어내는 능력을 타고났기 때문에 가능한 일이다. 전달자가 말, 몸짓, 표정, 음성, 문자나 그림, 사진, 상징 등을 통해 수신자와 직접 만나 전달하는 방법과 통신을 통해 내용을 전달하는 방법 두 가지 모두 훌륭한 커뮤니케이션 수단이 된다. 따라서 메시지는 한 가지 종류가 아니다.

메시지의 부호화는 전달자가 전달하고자 하는 내용을 수신자가 이해할 수 있도록 구체적으로 만드는 것을 의미한다. 메시지 해독은 전달자로부터 받은 메시지를 이해하거나 해석하는 것을 말한다.

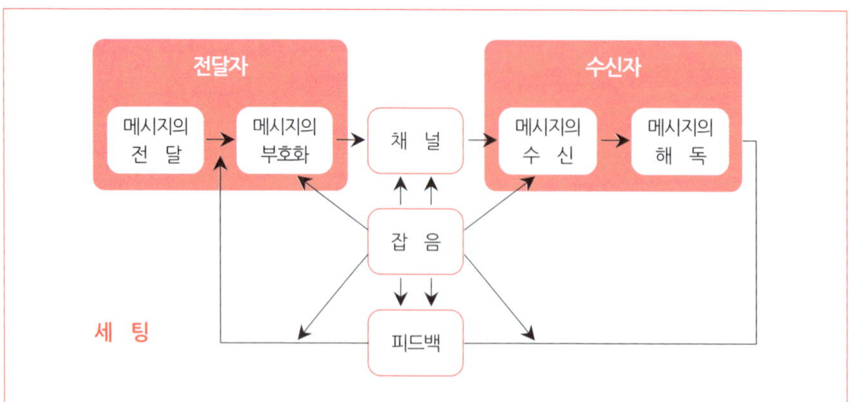

자료 : Stephen P. Robbins, 김지성 역. 조직행동론, PEARSON EDUCATION KOREA를 재구성.

그림 1 커뮤니케이션 과정

채널은 경로라고도 하며, 메시지 전달의 통로나 매체를 의미한다. 매스커뮤니케이션의 경우는 TV나 라디오, 신문, CD, 잡지, 인터넷 등을 말하고, 면 대 면Face-to-face 커뮤니케이션 상황에서는 음성과 시각이 이에 해당한다. 요즘은 휴대전화가 보편화되어 있어서 문자메시지도 메시지 전달 경로에 해당될 수 있다.

전달자와 수신자가 서로에게 반응하는 것을 피드백Feedback이라 한다. 전달자가 전달한 메시지를 수신자가 얼마나 잘 받아들였는지를 전달자에게 알려주는 것을 말하는 것으로, 만약 내게 누군가 농담을 하면 웃음을 띠게 되는 것과 같은 것이다. 우리는 커뮤니케이션의 과정을 계속 반복, 순환하게 하는 피드백을 서로에게 하루에도 수없이 하면서 살아간다. 피드백은 무엇보다 커뮤니케이션의 활력소가 된다는 점에서 중요하다. 상대방이 자신의 의견이나 감정을 공유하고 있다고 느끼게 만드는 확실한 단서로 작용하기 때문이다.

잡음Noise은 메시지를 정확하게 이해하는데 방해가 되는 것을 말한다. 전달자와 수신자 사이에서 발생하는 잡음은 물리적 · 심리적 · 의미적 잡음의 세 가지 종류가 있다. 먼저 '물리적 잡음'은 복도에서 나는 시끄러운 소리 때문에 수업이 지장을 받는 경우를 생각할 수 있다. 물리적 잡음은 실제 외부 환경에서 물리적으로 발생하는 잡음을 말한다. '심리적 잡음'은 전달자와 수신자의 마음속에 일어나는 잡념과 같은 것이다. 배가 고파 음식을 떠올리느라고 수업 내용을 못 듣는 경우와 같다. 남성우월 의식이 강한 남자 부하 직원이 여자 상사가 지시하는 사항을 자주 놓친다면, 커뮤니케이션 행위에 집중을 못하는 심리적 상황, 즉 심리적 잡음 요인을 생각해 볼 필요가 있다. 생소한 표현이나 외국어처럼 전달되는 메시지의 의미를 전혀 몰라 커뮤니케이션 자체가 이루어질 수 없는 경우는 '의미적 잡음'에 해당한다. 또 어떤 특정한 단어에 대한 감정적 대응도 의미적 잡음을 낳는다. 누군가 내 마음에 안 드는 거친 표현이나 인종 · 성차별적 언어를 사용하는 사람을 보면 단정적으로 나쁘게 평가하게 되는 것도 의미적 잡음에서 비롯된다고 볼 수 있다.

세팅Setting은 커뮤니케이션이 이루어지는 공간을 의미한다. 예컨대 강당과 같은 공적인 공간은 연설하기에 적합하지만, 사적인 대화를 하기 위해 만나는 장소가 될 수는 없다. 따라서 좀 더 친밀한 대화를 하기 위해서라면 서로 얼굴을 마주 대할 수 있는 작고 아늑한 공간을 찾는 것이 필요하다. 이러한 공간이 커뮤니케이션에 중대한 영향을 미치기도 한다.

스스로 정리하기

제1장 커뮤니케이션 능력의 중요성을 배우고 난 후 수업 내용을 한 문장의 자신만의 언어로 표현해 보고, 수업을 통해서 배운 점과 하고 싶었던 질문을 스스로 정리해 봅시다.

✓ 오늘 수업 내용을 한 문장으로 표현한다면 어떻게 할 수 있을까요?

✓ 오늘 수업을 통해서 배운 내용과 하고 싶었던 질문은?

스스로 실천하기

제1장 커뮤니케이션 능력의 중요성을 배우고 난 후 커뮤니케이션 자기진단 결과에 대한 자신의 생각이나 느낀 점을 작성하고, 내가 커뮤니케이션을 향상시킬 수 있는 실천 활동은 무엇인지 스스로 정리해 봅시다.

생각해 봅시다

말에 관한 명언

- 말은 인류에 의해 쓰이는 가장 강력한 약이다. 〈키플링〉
- 말은 마음의 초상이다. 〈J. 레이〉
- 조심성 있는 혀는 최대의 보물이며, 사리판단을 할 줄 아는 혀는 최대의 기쁨이다. 〈헤시오도스〉
- 말도 아름다운 꽃처럼 색깔을 지니고 있다. 〈E. 리스〉
- 말이 있기에 사람은 짐승보다 낫다. 그러나 바르게 말하지 않으면, 짐승이 그대보다 나을 것이다. 〈사디〉
- 한마디의 말이 들어맞지 않으면, 천 마디의 말을 더 해도 소용이 없다. 그러기에 중심이 되는 한마디를 삼가서 해야 한다. 중심을 찌르지 못하는 말은 차라리 입 밖에 내지 않느니만 못하다. 〈채근담〉

–「말로 성공하기를 원하십니까?」 중에서

CHAPTER 02

비언어적 커뮤니케이션 스킬

학습목표
- 커뮤니케이션 유형을 이해하고 분류할 수 있다.
- 메라비안의 법칙을 설명할 수 있다.
- 호감을 주는 비언어적 메시지와 비호감의 비언어적 커뮤니케이션을 구분할 수 있다.

1. 커뮤니케이션의 유형

(1) 언어적 커뮤니케이션

커뮤니케이션은 언어적 커뮤니케이션과 비언어적 커뮤니케이션 두 가지 유형으로 나눌 있다. 언어적 커뮤니케이션은 구어인 '말'이나 문어인 '글자'라는 상징을 사용하여 의사소통과 상호작용을 하는 커뮤니케이션을 말한다.

음성언어, 즉 구두적 커뮤니케이션은 의미와 소리가 필수요소이며, 여기에는 대화, 지시, 명령, 훈시, 회의 등이 있다. 구두적 커뮤니케이션의 장점은 메시지를 주고받을 때 특별한 도구나 시간과 노력이 필요하지 않은 용이성과 바로바로 이루어지게 되는 즉시성, 그리고 수신자와 송신자가 서로간의 오고가는 쌍방 의사소통이 가능하며 시간 요소가 적은 것이다. 또 본인의 생각을 즉각적으로 많이 표현할 수 있다. 반면에, 단점으로는 기록이나 유지가 불가능하고 정확성이 부족하다.

문자언어, 즉 문서적 커뮤니케이션은 의미와 문자가 필수요소이다. 전달 내용이 중요하거나 기록으로 남아야 할 때에는 기록에 의한 방법을 선호한다. 기록에 의한 커뮤니케이션의 방법은 편지, 보고서, 메모, 이메일 등이 있다.

문서적 커뮤니케이션의 장점은 구두적 커뮤니케이션 수단의 한계를 극복할 수가 있는데, 정확성이 높고 기록유지가 가능하다는 것이다. 그래서 중요한 사안일 경우에는 기록이 남기 때문에 구두적 커뮤니케이션보다 더 효과적일 경우가 있다. 그러나 메시지를 보내놓고 답을 받을 수 없는 경우도 발생하여 일방적인 의사소통이 될 수도 있다는 단점이 있다.

(2) 비언어적 커뮤니케이션

비언어적 커뮤니케이션은 구두 혹은 문서화된 언어를 사용하지 않고 메시지를 전달하는 커뮤니케이션으로, 사람들은 커뮤니케이션 시에 표정이나 제스처, 목소리 등으로 자신이 가지고 있는 의식적 또는 잠재의식적 감정이나 희망, 태도 등과 같은 신체언어Body-language를 말하며, 이것을 비언어적 커뮤니케이션이

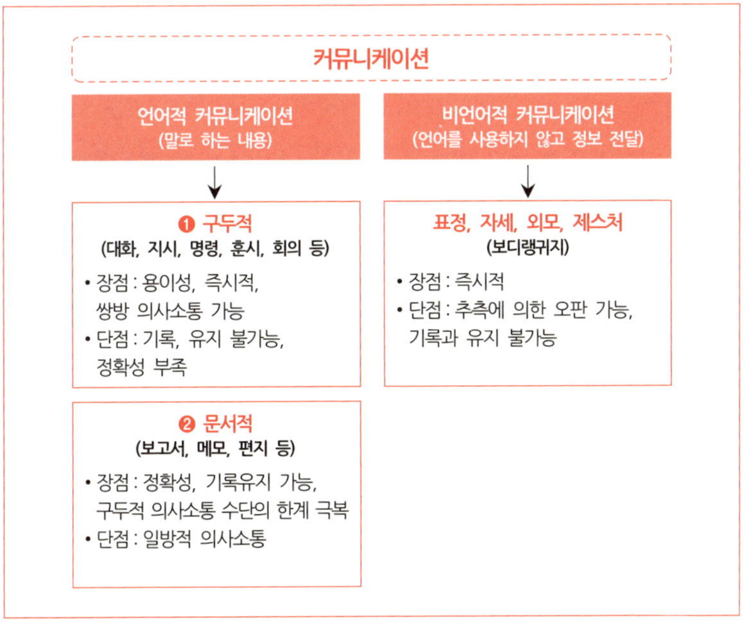

자료 : 박소연 · 김민수 · 박혜윤. 커뮤니케이션 유형, 새로미.

그림 2 커뮤니케이션 유형

라고 한다. 여기에는 음성의 크기, 가구배치, 대기시간, 의상의 형태, 공간이나 시간, 거리 형태 등도 포함될 수 있다. 실제로 일상생활의 70%를 차지하는 커뮤니케이션 유형이다.

비언어적 커뮤니케이션의 장점은 즉시적으로 상대방의 답변을 들을 수 있다는 것이다. 단점으로는 비언어적 표현을 상대방의 추측에 의해서 오판될 수 있는 가능성이 있어 정확한 메시지를 전달하지 못할 경우가 종종 발생한다는 것이다. 또한 기록이나 유지가 불가능하다는 것도 단점이다.

1971년에 캘리포니아대학 UCLA 심리학과 명예교수인 엘버트 메라비안Albert Mehrabian은 자신의 저서 『침묵의 메시지』를 통해 커뮤니케이션 이론을 한 단계 발전시킨 연구 결과를 내놓았다. 상대방에게 호감을 느끼는 순간은 언제인지, 누군가와 첫 대면했을 때 인상을 결정짓는 요소는 무엇인지 등 커뮤니케이션을 하는 사람들을 관찰하여 분석한 결과, 상대방의 인상이나 호감을 결정하는 데 목소리는 38%, 보디랭귀지는 55%(표정 35%, 태도 20%) 영향을 미친 반면, 말하는 내용은 겨우 7%의 영향만 작용한다고 한다. 즉 효과적인 의사소통에서 말투나 표정, 눈빛과 제스처와 같은 비언어적 요소가 차지하는 비율이 무려 93%의 높은 영향력을 가지고 있다는 것이다. 이것이 바로 행동의 소리가 말의 소리보다 크다는 것을 보여주는 메라비안의 법칙이다.

말의 내용이나 화려한 언변보다 표정, 외모, 행동, 자세, 태도, 목소리, 말투와 같은 대화의 분위기를 부드럽게 만드는 외적 이미지 요소들이야말로 내가 하고자 하는 말에 힘을 실어주는 역할을 한다. 또한 상대방에게 나의 생각과 감정을 올바르게 전달하는 데에도 효과적이다.

2400년 전 그리스의 역사학자인 헤로도토스는 "사람들은 귀보다 눈으로 더 믿는다."고 말했다. 즉 서양에서는 '보는 것이 믿는 것이다'라는 말도 있다. 백문이 불여일견, '백 번 듣는 것보다 한 번 보는 게 낫다'라고 했다. 상대방은 당신의 동작 하나하나에 관심을 기울이고 있다. 당신의 동작 하나하나에 대화의 활기를 띄는 경우도 있고, 차갑게 식는 경우도 있다.

당신의 동작에 생기가 있고 당신의 목소리가 힘차다면, 상대방도 당신과 대화하고 싶어 할 것이다. 상대방은 당신이 하는 말만 듣고 당신에 대해 결정하는 것이 아니다. 당신의 말투뿐만 아니라 표정과 예의, 옷매무새 등 외적 이미지를 보고 판단한다는 것이다. 비언어적 커뮤니케이션이 직접적으로 말하는 것보다 8배가 더 강하게 전달되는 만큼 기분 좋은 비언어적 커뮤니케이션 전달법을 이해하고 활용해야 한다.

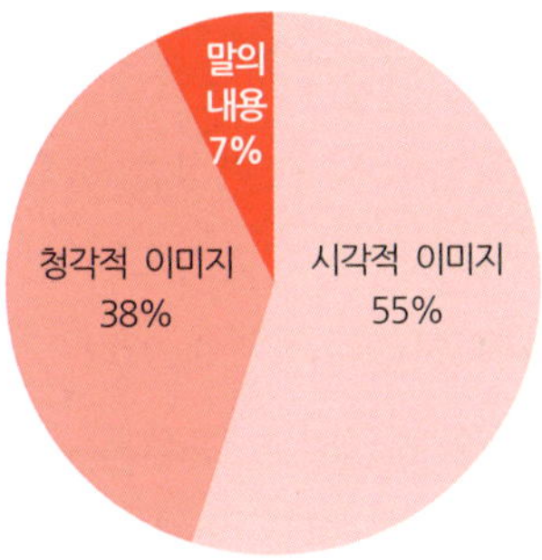

자료 : 이인경, 인파워 & 서비스이미지메이킹, 백산출판사.

그림 3 메라비안 차트

Chapter 2에서는 비언어적 커뮤니케이션에 대해 자세히 알아보고자 한다. 비언어적 커뮤니케이션은 구두 혹은 문서화된 언어를 사용하지 않고 메시지를 전달하는 커뮤니케이션으로 몸짓, 자세 등과 같은 신체언어Body-language를 말한다.

2. 기분 좋은 비언어적 커뮤니케이션 전달법

(1) 호감 가는 표정과 외모

밝은 표정은 당신이 평소 긍정적인 사고와 자유로운 영혼을 가지고 있는 사람이란 것을 알게 해준다. 반대로 의심하는 눈빛과 불만이 가득한 표정을 가지고 있다면 어느 누구도 당신에게 접근하기 어려울 것이다. 밝은 모습에서 바른 마음과 정신이 표출되는 것이다. 호감 가는 표정은 생김새의 잘생기고 못생김을 의미하는 것이 아니라, 그 사람이 평상시 보여지는 표정을 의미하는 것이다.

얼굴 표정에 대한 해석은 세계적으로 공통점이 있다. 찰스 다윈은 1872년 『사람과 동물들의 감정 표현』이라는 책을 출간했는데, 당시 각계각층의 논란을 일으켰다. 다윈은 모든 포유동물들이 감정을 지니고 있으며, 이를 표현하는 방법 중 한 가지가 '얼굴 표정'이라고 말했다. 얼굴을 찌푸리고 있는 사람이 불행하고 부정적으로 보이듯이, 밝은 표정의 사람을 보면 긍정적인 사람이라고 추측한다. 이 다윈의 이론은 사회적으로 큰 파장을 일으켰으나 곧 잠잠해졌다. 심리학계에서는 우리의 얼굴이 감정을 표현하고는 있지만, 이것은 타고난 천성적 표현이라기보다는 문화의 산물이라고 보았다.

그러나 1965년 심리학자 폴 에크먼의 주장으로 이러한 심리학계의 가설은 설득력을 잃었다. 미국인인 폴 에크먼은 세계 각지를 여행하면서 다양한 국적과 인종의 사람들에게 다양한 표정을 짓고 있는 얼굴 사진을 보여주는 실험을 통해 아시아와 남미인들의 표정이 미국인들과 똑같은 얼굴 표정을 한 것으로 인식한다는 사실을 입증하였다. 또한 그는 고원지대로 가서 TV나 서구인들을 한 번도 본 적이 없는 사람들에게도 똑같은 사진들을 보여주었는데, 이들도 다른 지역 사람들과 똑같이 이들의 표정을 해석하였다. 결국 다윈이 옳았던 것이다.

이러한 얼굴 표정은 세계 공통이었다. 하루 24시간의 생활 중 이렇듯 자신의 모습을 보는 시간보다 오히려 남에게 보이는 시간이 더 많다. '나는 지금도 너무나 잘 웃고 있다'라는 사람도 있을 것이다.

판단에는 주관적인 것과 객관적인 것이 있다. 나는 호의를 가지고 웃는데, 상대방은 '저 사람 왜 저래'라고 오해를 하는 경우도 있다. 이것은 제대로 웃고 있지 못하다는 의미이다. 또 자신은 자신의 표정에 대해 온화하고 긍정적인 모습을 가지고 있다고 생각하는데, 다른 사람들은 그 사람의 표정에 대해 '차갑다', '무례해 보인다'는 평가를 하기도 한다.

많은 사람들이 이런 말을 한다. "처음 본 사람들은 저보고 차갑게 보인다고 하는데, 친해지고 나면 알수록 괜찮은 사람이라고 말해요." 이것은 자신은 원래 그런 사람이 아니고 친해지면 자신에 대한 정확한 판단을 내릴 수 있는데, 다른 사람들이 자신의 처음 모습만 보고 판단할 때 대부분 잘못 판단하고 있다는 의미이다. 그러나 이런 말을 자주 듣는 사람이라면 자신의 첫인상과 표정에 대해 다시 한 번 생각해 볼 필요가 있다. 자신이 느끼는 주관적 판단의 느낌이 아니라, 상대방이 보았을 때 모든 사람에게 공통적으로 어필할 수 있는 객관적인 표정 연출이 가능해야 한다.

표 1 표정에 대한 상대방의 해석

나의 표정	상대방의 해석
환하게 미소 짓는다.	반가움, 호감 등의 긍정
곁눈질로 본다.	불만, 의심, 두려운 마음 상태
미소를 갑작스럽게 멈춘다.	말 또는 행동에 대한 불쾌함
특별한 반응 없이 무표정을 유지한다.	거부, 귀찮음
눈을 마주치지 않는다.	거부, 부담감, 숨기는 느낌, 집중하지 않는 상태
눈을 크게 뜨고 계속 바라본다.	흥미, 관심
위 · 아래로 훑어본다.	불신, 경멸
잠깐 미소를 짓다가, 다시 무표정을 유지한다.	자기에게 유리한 무언가를 계산하고 있음
눈살을 찌푸린다.	거절, 반대
눈을 치켜뜨고 본다.	거부, 항의
눈을 내리뜨고 본다.	거만한 자세

자료 : 한국생산성본부, 김화연. 서비스 경영자격 비즈니스 커뮤니케이션, 박문각.

밝은 표정의 첫인상이 좋은 사람에게 관심이 가고 말문이 쉽게 열린다. 첫인상에서 외모가 차지하는 비중이 매우 크다. 단정한 외모는 첫인상에 영향을 미칠 수 있으며, 이는 타인과의 신뢰 형성과 업무 성과도 좌우한다. 외모는 타고나는 것이 아니라 노력에 의해 만들어지는 것이다. 가꾸지도 않은 꾀죄죄한 몰

골로 상대방을 대한다면 상대는 자신을 존중하는 마음이 없다고 느낀다. 상대방은 참 예의 없는 사람이라고 생각하기 마련이다.

우선 헤어스타일에 신경을 쓰자. 드라마 배우를 보면, 다양한 캐릭터를 소화하기 위해 그에 맞춰 머리 모양을 바꾼다. 헤어스타일이 캐릭터를 표출하는데 매우 중요한 역할을 하기 때문이다. 따라서 자신의 직업과 가치관을 잘 나타내는 스타일을 연출해야 한다. 의상도 마찬가지다. 누구나 살아가면서 다양한 미팅 · 면접 · 발표를 하게 되는데, 그때마다 좋은 의상과 스타일링으로 자신을 어필해야 한다. 자신의 스타일을 잘 드러내는 격식 있는 정장이 바람직하다.

남성의 외모는 청결함이 기본이고, 머리와 수염은 깔끔하게 정리한다. 헤어스타일은 이마와 귀가 보이도록 하고, 뒷머리가 셔츠의 깃을 덮지 않도록 한다. 남성은 입 냄새, 땀 냄새 등 체향을 잘 관리해야 한다. 헤어 왁스나 젤 등으로 헤어 손질용품으로 단정하게 마무리하고, 화려한 색의 염색은 자칫 비호감의 인상을 줄 수가 있다.

여성의 외모는 밝고 건강하게 보이도록 자연스러운 메이크업을 하고, 너무 진한 메이크업은 피하는 것이 좋다. 회사에 출근할 때 노-메이크업No Makeup은 실례이다. 여성의 헤어스타일 또한 깔끔한 인상을 줄 수 있도록 이마와 귀를 덮지 않도록 해야 한다. 복장은 일하기가 편하고 세련미를 나타내는 것이 핵심이고, 지나치게 크고 화려한 액세서리는 삼간다.

(2) 긍정적인 반응, 끄덕임

'고개를 끄덕이며, 상대방에게 호응해 주면 호감을 얻을 수 있다.'

상대방을 나에게 끌어들일 수 있는 몸짓이 바로 '끄덕임'이다. 고개를 가볍게 연속하여 위 · 아래로 끄덕여주는 몸짓, '끄덕임'은 상대방을 조금씩 내 앞으로, 내 마음속으로, 내 생각으로 오게 한다. 끄덕임은 상대방에게 '예스Yes'의 메시지를 실시간으로 보내는 것이다. "좋아요, 당신의 의견에 동의합니다.", "우리는 참 잘 맞을 것 같군요."와 같은 긍정의 대답이다.

고개를 효과적으로 끄덕이는 방법에는 남 · 여 사이에 차이가 있다. 남성은 머리의 뒷부분에 힘을 주고 턱을 강하게 당겨 힘차게 한 번 끄덕이는 것이 좋다. 여성의 경우는 턱을 약간 앞으로 내밀고 두세 번 고개를 움직이는 것이 좋다. 남성의 몸짓이 단호하고 신뢰에 찬 특징을 갖는다면, 여성의 몸짓은 부드러우면서 사려 깊은 이미지를 줄 수가 있다. 여성의 강점을 극대화하는 것이 긍정적인 어필에 효과적이라는 것이다. 이런 식으로 연습을 한 다음, 커뮤니케이션 상황에서 활용해 보면 좋다.

고개를 끄덕이는 행위는 상대방에게 나의 긍정적인 반응을 전달하는 수단이다. 상대방의 입장에서 그 끄덕임은 내심 안심하게 된다. 커뮤니케이션 상황에서 수많은 '예스Yes'와 '노No'의 보디랭귀지가 있는데, '예스Yes'의 보디랭귀지는 긍정의 반응으로 커뮤니케이션이 순항할 가능성이 크다. 커뮤니케이션에서 '예스Yes'의 보디랭귀지는 단순한 모션이 아니라, 그것은 커뮤니케이션을 끌어가는 보이지 않는 힘이며 성공적인 커뮤니케이션을 위한 몸의 화술이다. 그래서 비언어적 커뮤니케이션은 매우 훌륭한 언어가 된다.

(3) 진심을 전하는 눈 맞춤Eye Contact

커뮤니케이션을 잘하는 사람이 된다는 것은, 상대방이 먼저 자연스럽게 여러 이야기를 해 올 수 있는 인품을 갖추었음을 의미한다. 호감을 불러오는 비언어적 커뮤니케이션에는 고개를 끄덕이는 것과 함께 눈을 마주치는 것이 있다. 첫 만남에서 단순히 인사만 건네는 것이 아니라, 상대방의 눈에 도장을 찍어야 한다. 중간에도 부담스럽지 않을 정도로 눈을 가볍게 마주치며 눈빛을 교환하는 것이 좋다. 상대방과 눈빛을 교환하는 짧은 신호는 당신을 성공적인 화자로 이끌어준다. 실제로 EBS 다큐멘터리에서 이에 대해 실험을 했다. 동일한 인물사진을 두 장 준비하고, 그 중 한 장은 동공 크기만 다르게 조절했다. 사진을 받아본 사람들 112명 중 78명의 사람들이 동공이 큰 사진에 호감을 느꼈다는 결과가 나왔다. 눈빛의 중요성을 일깨우는 결과이다.

커뮤니케이션 중 상대방에게 집중하고 있다는 점을 강조하기 위해 몸을 약간 앞으로 기울이는 것도 효과적인 비언어적 커뮤니케이션이다. 상대방은 관심을 받고 있다는 느낌에 더 이야기에 몰입하여 이어나갈 수 있게 된다. 다만 눈을 지나치게 응시하거나 과도한 보디랭귀지를 사용하는 것에 주의해야 한다. 상대방도 불편할 뿐만 아니라, 말을 하는 사람도 힘들다. 간혹 상대방의 눈을 보고 말하는 것을 잘 못하는 사람도 있다. 특히 남성의 경우, 여성과의 대화에서 눈을 제대로 쳐다보지 못하는 사람이 종종 있다. 미혼 남성에게 그런 성향은 더욱 두드러진다. 자신감이나 성격이 원인일 수도 있다. 하지만 눈을 마주치지 않으면, 그것만으로도 오해할 여지가 충분하다. '눈은 마음의 창'이라는 말이 있다. 눈을 마주치지 못하는 것은 어쩌면 상대방에게 마음의 창을 열어주지 않는 느낌을 줄 수가 있다. 눈을 마주치지 못한다는 것은 거짓을 말하고 있거나 불안해한다는 간접적인 표현이 될 수도 있음을 명심한다. 대화를 나누는 중에는 시선을 상대방의 어깨너머로 두거나 계속 다른 쪽을 주시하는 것은 피한다.

의도적으로 눈을 마주친다는 느낌이 들지 않도록 자연스럽게 눈을 움직이도록 한다. 상대방의 눈을 바라보다가 시선을 눈보다 약간 위로 옮긴다. 그리고 시선을 다시 적절하게 테이블로 옮겨 나누고 있는 문서나 물건으로 시선을 옮기고, 눈의 움직임이나 눈빛의 교환은 최대한 자연스러움이 묻어나도록 한다. 즉 안정적인 시선 처리가 중요하다.

(4) 주의해야 할 비언어적 커뮤니케이션

비언어적 커뮤니케이션의 사전적인 정의는, "음성 언어나 문자 언어에 의하지 않고 몸짓이나 손짓, 표정 등 신체의 동작으로 의사나 감정을 표현 · 전달하는 행위"를 말한다. 상대를 파악하는데도 쓰이고, 내 생각을 말하지 않고도 상대방에게 전할 수 있어 유용하다. 다만, 비언어적 커뮤니케이션은 지역별, 나라별, 인종별, 세대별로 각각 차이가 있을 수 있기 때문에 오해 없이 전달할 수 있어야 하고, 상대방의 비언어적 커뮤니케이션을 번역할 수 있는 능력도 필요하다. 예를 들면, 엄지와 검지로 동그라미를 만드는 것은 미국에서는 오케이, 일본에서는 돈, 프랑스에서는 숫자 0, 터키와 브라질에서는 욕이다. 나라별로 번역이 잘못되면 커뮤니케이션에 오류가 생긴다. 커뮤니케이션 상황에서 비언어적 커뮤니케이션으로 인하여 오해가 생기지 않도록 주의해야 할 비언어적 커뮤니케이션에 대해서 알아보자.

① 손바닥은 진실을 나타냄

손으로 하는 제스처는 상대에게 많은 의미를 전달한다. 아이들은 거짓말을 할 때 자신의 손을 뒤로 감춘다. 성인들은 호주머니에 집어넣거나 팔짱을 껴서 손이 안 보이도록 한다. 그래서 커뮤니케이션 상황에서 팔짱을 낀 채 대화를 나누는 것은 좋은 보디랭귀지가 아니므로 주의해야 한다. 손바닥은 진실을 나타내기 때문에 상대방에게 호의적인 보디랭귀지를 쓸 때 이 포즈를 많이 취한다. 반대로, 손등을 보이면 권위적인 느낌을 준다. 손가락으로 지적하는 것 또한 위협적으로 보여 상대에게 불쾌감을 준다.

강한 의지를 보이기 위해서 주먹을 불끈 쥐거나, 시선을 모으기 위해 손을 상 · 하, 좌 · 우로 움직이면서 가리키는 경우가 있다. 이러한 제스처는 상대방에게 집중력을 최대로 높인다. 보통 손바닥을 보이게 하고, 방향은 안에서 바깥으로 향하게 하는 것이 좋다. 거울을 보고 꾸준한 연습을 통해 자신에게 익숙하고 어울리는 보디랭귀지를 습득해야 한다.

② 자신감 있는 자세

고개를 앞으로 내미는 동작 때문에 자세가 구부정해 보이면 나이가 들어 보이고 활력이 떨어져 보인다. 이는 세련된 몸동작이 아니라서 말하기의 경쟁력을 떨어뜨리는 약점이 될 수가 있다. 기본적으로 말을 할 때는 자신감 있게 허리를 곧게 편 자세를 취하는 것이 좋다. 누구에게나 오랫동안 습관화된 좋지 않은 자세가 있는데 이를 고쳐야 한다.

③ 거짓말 탐지법

주의 깊게 비언어적 커뮤니케이션을 관찰하면 상대방이 거짓을 말하는지 진실을 말하는지를 알 수 있다.

- 코를 만진다 : 거짓말을 한다는 것
- 입을 가린다 : 거짓말이 나오는 걸 막는 것
- 쉿 하는 듯이 손가락으로 입술을 가린다. : 조용히 하라는 사인
- 귀를 만지작거린다 : 듣기 싫다는 사인
- 목을 긁적거린다 : 잘 모르겠다는 뜻
- 셔츠 깃을 잡아당긴다 : 불안하고 답답하다는 것
- 입에 손가락 넣기 : 불안하다는 것
- 턱을 괴고 있다 : 지루하다는 뜻, 턱을 양손으로 괴고 지긋이 바라보면 호감을 나타내는 뜻
- 고개를 쭉 빼고 앞으로 다가온다 : 관심이 있다는 뜻
- 의자를 뒤로 쑥 빼서 앉는다 : 관심이 없다는 뜻
- 의자에서 한 발이 빠져나와 문 쪽을 향해 있다 : 빨리 여기서 벗어나고 싶다는 뜻

④ 커피잔의 위치

회의나 협상 테이블에서 커피잔으로 내 앞을 막으면 부정적인 사인이 된다. 그리고 커피잔을 몸 옆에 놓았다면 긍정적인 사인이다. 커피잔으로 팔이 막혀 있는 상태라면 리필을 하거나 과자를 주면서 자연스럽게 팔을 풀도록 한다. 그러면 회의나 협상이 순조로워질 것이다.

은행에 가면 카운터에 사탕이 있다. 팔짱 낀 손님들이 간식이라도 집어 먹으

면서 팔을 풀라고 놓아둔 것이다. 은행에서 커피 한 잔 대접하는 이유도 그러한 이유 때문이다. 뭐라도 먹으면 맘이 더 잘 열리는 것 또한 사실이다.

말보다 몸이 먼저 보인다. 따라서 비언어적 커뮤니케이션은 숨길 수가 없다. 비언어적 커뮤니케이션이 직접적으로 말하는 것보다 8배나 더 강하게 느낌을 전달한다. 굳이 말로 하지 않아도 통하고, 말로 하는 것보다 강력한 커뮤니케이션의 힘을 발휘하는 비언어적 커뮤니케이션을 잘 활용하도록 하자.

스스로 정리하기

제2장 커뮤니케이션의 유형과 비언어적 커뮤니케이션을 배우고 난 후 수업 내용을 한 문장의 자신만의 언어로 표현해 보고, 수업을 통해서 배운 점과 하고 싶었던 질문을 스스로 정리해 봅시다.

✓ 오늘 수업 내용을 한 문장으로 표현한다면 어떻게 할 수 있을까요?

✓ 오늘 수업을 통해서 배운 내용과 하고 싶었던 질문은?

스스로 실천하기

제2장 비언어적 커뮤니케이션을 배우고 난 후 나의 비언어적 커뮤니케이션 중 바꾸고 싶은 혹은 앞으로 내가 실천하고 싶은 비언어적 커뮤니케이션 두 가지 이상을 작성하고, 앞으로 어떻게 실천할 것인지 스스로 정리해 봅시다.

생각해 봅시다

페이싱을 위한 BMW를 활용하라

페이싱(Pacing)이란, 라포를 형성하기 위해 상대방의 신체적 · 정서적 · 언어적 상태를 맞춰가는 것이다. 여기서 말하는 상대방의 상태란 상대방의 표정, 호흡상태, 말의 속도, 음정 및 음색, 자세 그리고 표현하는 말의 내용을 모두 포함하는 것이다. 페이싱을 상대의 수준에 맞춰 해나가는 것을 매칭(Matching)이라고 하며, 상대방의 수준에 맞추지 못하는 것을 미스매칭(Missmatching)이라고 한다. 따라서 페이싱을 한다는 것은 상대방의 B(Body), M(Mood), W(Word)를 매칭하는 것을 말한다.

• B(Body)
- 눈의 위치
- 얼굴의 긴장 이완 정도(표정)
- 자세(앞으로 구부린, 옆으로 기댄…)
- 움직임(율동적인, 흔드는, 토닥이는…)

• M(Mood)
- 음정 및 음색(흥분된, 안정된)
- 말의 속도 및 리듬
- 호흡(규칙적 혹은 불규칙적)

• W(Word)
- 상대방이 이야기하는 말의 내용(심층적이고 구체적인 차원의 공감)

라포를 형성하기 위한 페이싱은 상대방을 존중하는 마음이 바탕이 되어야 하는 것이 가장 중요하다. 만약 그렇지 않은 페이싱은 얼마 가지 못해 상대가 알게 되고, 그 이전의 관계보다 더 악화되는 결과를 가져올 것이기 때문이다.

–「현대인의 대인관계와 의사소통 액션북」 중에서

CHAPTER 03

언어적 커뮤니케이션 스킬

학습목표
- 배려하는 마음가짐의 중요성을 이해할 수 있다.
- 효과적인 커뮤니케이션 스킬을 설명할 수 있다.
- 직장생활에서 효과적인 커뮤니케이션 스킬을 적용할 수 있다.

어느 해질녘에 황희 정승이 밭두렁을 걷고 있었다. 이때 한 농부가 누렁소와 검정소 두 마리와 함께 밭을 갈고 있는 모습을 보게 되었다. 황희 정승은 농부에게 다음과 같이 물었다. "여보게, 누렁소와 검정소 중 어떤 소가 일을 더 잘하는가?" 그러자, 농부는 쟁기질을 멈추고 황희 정승에게 귓속말로 "검정소가 더 잘합니다."라고 대답했다. 황희 정승은 그가 귓속말을 한 것이 궁금해서, "그럼 그렇다고 이야기할 것이지, 왜 귓속말로 하는가?"라고 묻자, 농부는 밭두렁으로 성큼 걸어 나와서는 "헤헤, 검정소가 일을 더 잘한다고 하면 우리 누렁소가 서운해 할 것 아닙니까? 저 녀석도 열심히 일하는데 검정소를 더 잘한다고 하면 마음이 상할까 봐요~"라고 말했다는 것이다.

이 짧은 일화는 그 속에서 우리의 말이 얼마나 중요한지를 생각해볼 수가 있다. 그리고 무엇보다 농부가 소를 얼마나 따듯한 마음으로 배려하고 있는지를 엿볼 수 있다.

효과적인 커뮤니케이션에서 가장 중요한 것은 상대방에게 상처를 주지 않으려는 마음, 즉 상대방을 배려하는 마음을 가지는 것이 중요하다. 어떤 커뮤니케이션 전략보다 상대방을 배려하는 마음이 그 무엇보다 중요하다. 상대방을 배려하는 마음을 가장 기본으로 전제하고, 우리의 마음을 효과적으로 잘 전달할 수 있는 커뮤니케이션 스킬을 익혀야 한다.

1. 효과적인 언어적 커뮤니케이션 스킬

(1) 의뢰형이나 청유형으로 표현하기

사람은 누구나 자신의 의지로 움직이고 싶어 하며 타인으로부터 지시나 명령을 들으면 마음속에 저항감이 생긴다. 어떤 사람이라도 명령을 받으면 기분이 좋은 사람은 없다. 그러나 우리는 직장의 동료들이나 고객사 직원과의 커뮤니케이션에서 무심코 명령조를 이야기하는 경우가 많다. 한 예로 "차 마시세요."라는 말보다 "차 드시겠습니까?"라는 말이 듣는 사람의 기분을 훨씬 좋게 한다. 따라서 내가 상대방을 마음대로 조정하는 것이 아니라, 내 부탁을 듣고 상대방이 스스로 결정해서 따라올 수 있도록 의뢰형이나 청유형으로 표현하는 것이 좋다.

"기다리세요.", "저쪽 사무실로 가세요.", "오전에 하죠."라는 문장은 명령조의 말로 들릴 수 있다. 왜 그럴까? 바로 '~요', '~죠'로 끝나는 말을 사용하게 되면 본인의 의도와는 다르게 상대방에게는 명령조의 말로 들릴 수 있다. '~요', '~죠'로 끝나는 말은 완전 높임말이 아니라 반토막의 말인 것이다. 그러므로 완전하게 말을 높여주는 의뢰형의 말을 사용해야 한다. 의뢰형의 말을 할 때는 '~니다', '~니까?'로 끝나는 완전 높임말을 사용해야 보다 정중하게 상대방의 마음을 움직일 수 있다. '어떻게 하라', '하세요' 등의 명령형 표현보다는 '~해주시겠습니까?', '~해주시기 바랍니다', '~해주시면 감사하겠습니다' 등의 의뢰형 문장 표현을 사용하는 것이 바람직하다.

그러나 완전히 100% '~니다', '~니까?'체로 말을 하다보면, 커뮤니케이션 분위기가 딱딱해질 수도 있다. 그러므로 친근하면서도 정중한 느낌으로 말을 하기 위해서는 '요 · 죠'와 완전 높임말을 3 : 7 정도로 섞어서 사용하는 것이 좋다.

그런데 상대방과 친분이 있는 가까운 사이라면 6대 4, 또 본인과 나이가 같다면 5대 5 정도의 비율로 사용해도 좋다. 즉 의뢰형이나 청유형으로 바꾼 표현이 훨씬 더 상대방의 마음을 따듯하게 배려해 주는 표현이 된다.

그러면 다음 문장을 의뢰형이나 청유형으로 바꾸어보자.

- '기다리세요.'

  ➡

- '저쪽 사무실로 가세요.'

  ➡

- '오전에 하죠.'

  ➡

실습

의뢰형 화법 실습

명령형	의뢰형
없습니다.(사람)	
누굽니까?	
지금 자리에 없습니다.	
네, 뭐라고요?	
또 와주세요.	
알았어요.	
모르겠는데요.	
미안해요.	
없습니다.(물건)	
어디서 왔어요?	
이름이 뭐예요?	
전화 주세요.	
다시 한 번 와보세요.	
곧 올 겁니다.	
그쪽 회사	
같이 온 사람	
누굴 찾으세요?	
무슨 용건입니까?	
잠깐만요.	
저 사람(누구)	
그건 안 됩니다. 그건 곤란합니다.	
지금 바빠서 안 됩니다.	
그건 제가 잘 모르는 일입니다.	

자료 : 김영훈 · 나현숙. 서비스 내비게이션, 아카데미아의 내용을 재구성.

(2) 긍정어와 긍정문으로 표현하기

커뮤니케이션 중에 긍정적인 단어를 최대한 많이 사용하게 되면 상대방에게 좋은 인상을 심어줄 수 있다. 예를 들어, 상사가 급하게 써야 할 물품을 찾으며 부하 직원에게 그 물품이 없는지 물어보았는데, 부하 직원은 "그 물품 지금 없어요."라는 부정적인 답을 하는 것보다 "지금 사무실에 물품이 없습니다만, 창고에 재고가 있는지 알아보고 오겠습니다." 등의 적극적인 긍정의 답을 하면, 상사는 설령 그 물품이 없다고 해도 일단 기분이 나쁘지 않다. 또는 부하 직원은 "그 물품이랑 비슷한 거 있는데, 이 물품 한 번 사용해 보시겠어요?"라고 대안을 제시하는 것도 좋은 방법이다.

이렇게 "없습니다.", "안 됩니다.", "그렇게 해드릴 수 없습니다." 등의 부정적인 문장은 상대방의 기대를 한순간에 어긋나게 해버린다. 이러한 부정적인 표현은 상대방의 자존심을 상하게 하여 불쾌감을 느끼게 한다. 이렇게 되면 그 사람은 그때까지 잠재적으로 가지고 있던 '친하게 지내고 싶다'는 친밀감이 어디론가 사라져 버리고 태도가 굳어지는데, 이후에는 어떤 말을 하더라도 결코 마음의 문을 열고 받아들이려 하지 않게 된다. 이성적으로는 이해하지만 감정적으로 반발하기 때문이다. '틀렸는데…'라는 부정적 표현을 맨 먼저 나타낸다면, 본론에 들어가지도 않고 그 사람의 감정을 먼저 자극해 버린다.

직장 동료의 요구나 문의사항에 대해서 무조건 반사적으로 부정적인 반응을 보이기보다는 최대한 완곡한 표현으로 긍정적인 말을 사용하여 상대방을 설득시킬 수 있어야 한다. 노력해 보지도 않고 부정적인 말을 즉각적 또는 반사적으로 내뱉으면 상대방의 자존심을 상하게 하여 감정이 상하게 된다는 것을 기억해야 한다.

이제부터는 상대방에게 그리고 자신에게 이야기할 때 긍정적인 표현을 사용하도록 하자. 동료가 "너무 흥분하지 마."라고 말할 때, "난 흥분하지 않았어."라고 답한다면 벌써 그 생각이 머릿속에 박혀 버린다. 예를 들면, '멍청이처럼 굴지 말라'는 지적에 "난 멍청이가 아니야."라고 대답하게 되면, 그 부정적인 이미지가 저절로 고정되고 만다.

미국 대통령을 지낸 리처드 닉슨이 개인 뇌물수수 의혹을 받는 가운데 텔레비전의 생방송 연설을 하게 되었다. 리처드 닉슨 대통령은 "저는 사기꾼이 아닙니다."라는 부정적인 표현을 사용한 뒤, 사기꾼이라는 오명을 벗기 위한 시도가 오히려 사기꾼이라는 이미지를 굳히는 계기가 되었다.

이렇게 부정적인 표현은 부정적인 이미지를 심게 되는데, 이것은 모든 의사소통에 중요하게 적용된다. 이제부터는 자신에게나 남에게도 긍정적인 단어로 긍정적으로 표현해야 한다.

그러면 부정적인 표현을 긍정적인 문장으로 바꾸어 보자.

- '몰라요.'
  ➡
- '안돼요.'
  ➡
- '못해요.'
  ➡
- '또 늦었네요, 지각하지 마세요.'
  ➡

이렇게 부정적인 문장을 긍정적으로 바꾸어 말하면, 상대방은 내가 충분히 노력하고 있다고 느낀다. 상대방이 원하는 대로 문제가 해결되지 않아도 충분히 노력하는 모습을 느꼈기 때문에, 실망감이나 불쾌감이 상대적으로 줄어들게 된다. 만약 노력해 보고 알아본 다음에 해결하기 힘들 경우에는 "어렵습니다."라는 표현으로 설명을 해줄 수 있다. 왜 어려운지 완곡하게 그 이유를 들어서 설득하면 된다.

다음 표에 여러 가지 많은 단어들이 있다. 내가 자주 쓰는 단어가 긍정적인 느낌 목록에 많이 있는지, 부정적인 느낌 목록에 많이 있는지 한 번 체크해 보자. 부정적인 표현보다 긍정적인 표현을 많이 사용하는 사람들이 상대방에게 호감을 줄 수 있다. 앞으로는 부정적인 느낌의 단어보다는 긍정적인 느낌의 단어를 많이 사용하는 자신이 되길 바란다.

표 2 긍정적인 느낌의 말, 부정적인 느낌의 말

긍정적인 느낌 목록	부정적인 느낌 목록	느낌이 아닌 생각이나 평가들
감동받은, 뭉클한, 감격스런, 벅찬, 환희에 찬, 황홀한, 충만한, 고마운, 감사한, 즐거운, 유쾌한, 통쾌한, 흔쾌한, 기쁜, 반가운, 행복한, 따듯한, 감미로운, 포근한, 푸근한, 사랑하는, 훈훈한, 정겨운, 정을 느끼는, 친근한, 뿌듯한, 산뜻한, 만족스런, 상쾌한, 흡족한, 개운한, 후련한, 든든한, 흐뭇한, 친밀한, 홀가분한, 편안한, 느긋한, 담담한, 친근한, 긴장이 풀리는, 안심이 되는, 차분한, 가벼운, 평화로운, 누그러지는, 고요한, 여유로운, 진정되는, 잠잠해진, 평온한, 흥미로운, 매혹된, 재미있는, 끌리는, 활기찬, 짜릿한, 신나는, 용기 나는, 기력이 넘치는, 기운이 나는, 당당한, 살아있는, 생기가 도는, 원기가 왕성한, 자신감 있는, 힘이 솟는, 흥분된, 두근거리는, 기대에 부푼, 들뜬, 희망에 찬, 기분이 들뜬	걱정되는, 까마득한, 암담한, 염려되는, 근심하는, 신경 쓰이는, 뒤숭숭한, 지친, 무서운, 섬뜩한, 오싹한, 진땀나는, 간담이 서늘해지는, 겁나는, 두려운, 긴장한, 주눅든, 불안한, 조바심 나는, 떨리는, 안절부절 못하는, 조마조마한, 초조한, 불편한, 거북한, 겸연쩍은, 곤혹스러운, 멋쩍은, 쑥스러운, 언짢은, 괴로운, 난처한, 답답한, 갑갑한, 서먹한, 어색한, 찝찝한, 슬픈, 구슬픈, 그리운, 목이 메는, 서글픈, 서러운, 쓰라린, 애끓는, 울적한, 참담한, 처참한, 한스러운, 비참한, 안타까운, 처연한, 서운한, 김빠진, 애석한, 힘든, 야속한, 낙담한, 냉담한, 섭섭한, 질린, 외로운, 고독한, 공허한, 허전한, 허탈한, 막막한, 쓸쓸한, 허한, 우울한, 무력한, 무기력한, 침울한, 꿀꿀한, 피곤한, 고단한, 노곤한, 따분한, 놀란, 맥빠진, 귀찮은, 지겨운, 절망스러운, 좌절한, 무료한, 성가신, 심심한, 혐오스런, 밥맛떨어지는, 정떨어지는, 혼란스러운, 멍한, 창피한, 민망한, 당혹스런, 부끄러운, 화나는, 분개한, 끓어오르는, 속상한, 약오르는, 분한, 울화가 치미는, 억울한, 열받는	강요당한, 거절당한, 공격당한, 궁지에 몰린, 따돌림당하는, 배신당한, 버림받은, 오해받은, 위협당하는, 의심받은, 무시당한, 이용당하는, 인정받지 못하는, 조종당하는, 학대받은, 협박당하는

자료 : 마셜 B. 로젠버그 · 캐서린 한 옮김. 비폭력대화, 바오출판사.

(3) 쿠션언어 활용하기

상대방이 원하는 것을 들어주지 못하거나 상대방에게 부탁해야할 경우에 사용하면 언짢아지는 기분을 최소화할 수 있는 표현을 쿠션언어라고 한다.

의자에 철썩 떨어지듯 주저앉으면 엉덩이나 허리에 큰 충격을 줄 수 있다. 그런데 이 의자 위에 푹신한 쿠션을 하나 놓고 앉으면 그 충격을 완화시킬 수 있다. 직장생활에서 만나는 커뮤니케이션에서 이러한 충격을 줄일 수 있는 효과를 주는 것이 바로 쿠션언어이다. 상대방의 기분을 상하지 않게 하면서 자연스럽게 마술처럼 상대방을 설득시킬 수 있다는 의미에서 매직워드Magic Words라고도 한다.

다양한 종류의 쿠션언어가 있는데, 예를 들면 '바쁘시겠지만', '실례합니다만', '공교롭게도', '번거로우시겠지만', '괜찮으시다면', '불편하시겠지만', '가능하시다면', '미안합니다만', '힘드시겠지만', '양해해 주신다면', '이해해 주신다면', '죄송합니다만' 등이 있다.

'저기, 있잖아요…', '여보세요…' 보다 '실례합니다만', '죄송합니다만' 등의 쿠션언어로 말을 시작하면 우아하게 말 붙임이 가능하다. 영어로 'Excuse me'의 의미와 비슷하다.

일을 하다보면 무리한 지시를 거절해야 할 때도 있고, 때론 직장 상사나 동료들에게 요청을 해야 할 상황이 종종 발생하기도 한다. 하지만 우리말에 '아 다르고 어 다르다'는 속담이 있듯이 거부하거나 요청할 때 사용하는 커뮤니케이션 방법에 따라 전혀 다른 결과를 낳을 수 있다. 무리한 부탁을 거절할 때 혹은 무언가를 부탁해야 하는 상황에서 쿠션언어를 사용하면 뒤에 따라오는 내용을 부드럽게 연결시키고 보완하는 윤활유가 된다.

상대방의 마음을 움직이는 것은 바로 표현하는 방법에 달려 있다. 반감을 일으키지 않도록 말하는 청각적인 분위기와, 웃음을 보여주는 시각적인 효과가 훨씬 더 호소력이 있다. 쿠션언어는 비록 한마디의 말에 불과하지만, 이 한마디에 따른 느낌의 차이는 굉장히 크다는 것을 기억하고 습관화할 필요가 있다.

실습 쿠션언어의 활용

쿠션언어	활용 문장
바쁘시겠지만	
실례합니다만	
공교롭게도	
번거로우시겠지만	
괜찮으시다면	
불편하시겠지만	
가능하시다면	
미안합니다만	
힘드시겠지만	
양해해 주신다면	
이해해 주신다면	
죄송합니다만	

자료 : 지희진. 지교수의 행동하는 매너 메이킹하는 이미지, 한올의 내용을 재구성.

(4) 눈높이 대화법 실천하기

눈높이 대화란, 말은 듣는 사람의 수준과 연령, 그리고 지식의 정도에 따라 달라져야 한다는 것을 강조한 커뮤니케이션 방법이다. 우리는 주변에서 흔히 자신의 교양과 지식을 과시하기 위해서 어려운 외국어나 한자어를 남용하는 사례를 자주 볼 수 있다. 이는 결과적으로 자신의 지식을 과시할 수 있을지는 모르지만, 상대방에게 자신의 의도를 제대로 전달하는데 실패할 확률이 크다. 커뮤니케이션, 즉 소통을 잘한다는 것은 어려운 말을 많이 할 줄 안다는 것과는 다른 것이다.

예를 들어, 신입사원은 회사에서 사용하는 용어들이 낯설 수 있고 또 회사에서 요청하는 업무들에 대한 정보가 구체적이지 못하거나 부족할 경우가 많다. 이럴 때 직장 선배들은 신입사원이 이해하기 쉽도록 쉬운 단어로 설명해 주는 것이 올바른 커뮤니케이션 방법이다. 반대로, 만약 고객사의 직원이 우리 기업의 제품이나 프로세스에 대한 정보가 풍부하고 전문적인 정보를 많이 알고 있을 때에는 고객사 직원의 수준에 맞게 전문적인 용어를 함께 사용하면서 커뮤니케이션을 하는 것은 괜찮다. 하지만 자사에서만 통용되는 용어를 다른 회사 직원에게 사용하는 것은 그들을 무시하는 커뮤니케이션으로 오해를 살 수가 있다.

만약 예를 들어 IT기업에서 고객사에게 검색 사이트에 관련한 영업을 하러 왔는데, “귀사의 PPC 광고는 광고 노출 횟수에 비해 클릭률이 낮고, 기대한 전환율을 얻지 못하고 있습니다. 그래서 제안하는데…”라고 이야기하면, IT에 대한 전문적인 지식이 없는 고객사 담당자는 무슨 말을 하는지 전혀 알아들을 수가 없다. “귀사의 홈페이지는 검색 사이트에서 광고 노출 횟수는 많습니다. 하지만 클릭하는 비율이 낮아서 생각보다 많은 구매수를 확보하지는 못하는군요. 그러니 우리 회사에 PPC 광고 제안을 맡겨주시면 클릭 비율을 확실히 높여드리겠습니다.”라고 이야기하면 전문가가 아니라도 쉽게 이해할 수가 있다. 이것이 눈높이에 맞춘 대화법이다.

나도 모르게 '모티베이션', '히어링', '어젠더' 등 전문용어를 안이하게 사용하고 있지는 않은가를 생각해 보자. 이것들은 '동기부여', '듣기', '의제'를 의미한다. 만일 설명하는 힘을 기르고 싶다면 이해하기 쉽게 말하는 습관을 가져야 한다. 적어도 구체적인 말로 바꿀 자신이 있을 때에만 전문용어를 사용하는 것이 좋다.

커뮤니케이션을 잘하는 사람은 듣는 사람의 눈높이에 맞추어 적당한 언어를 적절하게 구사할 줄 아는 사람이다. 상대방의 연령, 성별, 함께 이야기 나누고 있는 주제에 대한 지식의 정도 등에 따라 상대방의 눈높이에 맞추어 커뮤니케이션해야 한다. 그런 사람이야말로 진실로 상대를 배려하는 말을 잘할 줄 아는 사람이라는 호평을 받는 법이다.

(5) 반복을 통해 메시지 남기기

프레젠테이션을 할 때 자신이 발표한 내용들을 중간에 한 번 정리하여 중요한 내용을 다시 한 번 기억하게 하고, 프레젠테이션 마무리 부분에 다시 한 번 전체 발표 내용 중 핵심만 추려서 강조한다. 이것은 반복을 통한 설득의 효과를 얻고자 하는 것이다.

커뮤니케이션에 관련된 책을 보면 '앵무새처럼 상대방의 말을 되뇌어서 반응하라'라고 쓰여 있다. 커뮤니케이션 중에서도 계속 똑같은 문장이나 어구를 반복하면 상대방에게 강한 인상을 심어준다. 반복은 강력한 커뮤니케이션 방법 중 하나이다. 언뜻 어려워 보이지만, 직장생활에서도 매우 간단하게 적용할 수 있다. 메시지를 끊임없이 반복할수록 깊이 파고들 수 있다. 물 한 방울이 계속 떨어지면 결국 돌을 뚫듯이, 반복은 상대방의 머리에 깊이 각인되게 한다. 똑같은 메시지를 반복하면 여러분이 전달하고자 하는 메시지가 상대방의 뇌리에 오래도록 남게 된다.

예를 들면, 만약 상대방이 "이번 달 매출이 10%나 감소했어."라고 하면 "10%나 감소했다고?"라고 상대방이 한 말을 똑같이 반복하라는 뜻이다. 이때 주의할 사항이 있다. 현실에서 이야기를 나눌 때 앵무새처럼 상대방의 말을 반복하기만 해서는 말하는 사람이 만족하지 못할 수도 있다. 그 말 속에 마음이 담겨 있지 않았을 경우이다.

'커뮤니케이션은 마음을 주고받는 것'이라는 법칙이 여기서도 나타난다. "10%나 감소했어."처럼 놀라거나 속상하다는 감정이 말 속에 담겨 있지 않으면 의미가 없는 것이다. 감정이 깃들면 반복하는 말이 짧아지기도 한다. "10%나?", "감소했다고?"라는 식이다. 이렇게 감정을 깃들여 짧게 말을 반복하면 커뮤니케이션의 진행속도도 빨라진다.

상대방의 말을 반복해서 말하는 상대방이 만족감을 얻게 하고, 또 자신이 느낀 마음을 말 속에 담아 표현해 보길 바란다.

(6) Yes의 미학으로 문장 완성하기

상대방에 대한 긍정적인 태도를 보여주는 말에 "예~", "네~"라는 한마디를 더 붙이면 친절함을 더 잘 전달할 수 있다. 예를 들어, 상사가 "이번주 프로젝트 보고서는 목요일까지 보내주세요."라고 업무지시를 했다면, 우리는 어떻게 대답해야 할까. 보통 "알겠습니다."라고 대답하는 경우가 많다. 이럴 때 문장 앞에 "네~"를 붙여서 이야기하는 것이 훨씬 더 적극적인 느낌을 전달할 수 있다. "알겠습니다."도 좋지만 "네~, 알겠습니다."라고 대답하는 것이 더 좋다는 것이다.

때론 상대방의 질문에 "예~", "네~"로 답하기도 한다. 예를 들어, 식당에서 식사를 하다가 "이 반찬을 더 주실 수 있나요?"라고 요청했을 때, 식당 직원이 "네~"라고만 대답하는 것보다 "네~, 더 챙겨드리겠습니다~"라고 대답하는 것이 훨씬 적극적이며 친절한 반응으로 느껴질 것이다. 이는 우리도 직장 동료들과 이야기 나눌 때 충분히 활용할 수 있다. "네~ 알겠습니다.", "네~ 부장님, 무엇을 도와드릴까요?", "네~ 보내주신 메일 잘 받았습니다.", "네~ 제가 안내해 드리겠습니다." 등등 우리가 평상시에 대답하는 문장에 '네~'라는 단어로

답하지 말고 '네~'와 함께 문장 하나만 덧붙이면 적극적이고 친절함을 더 잘 전달할 수가 있다.

또 한 가지 팁을 제공하면, 대답할 때 앞에서 말한 반복 메시지를 같이 활용하자. 예를 들어, 상사가 "이번주 프로젝트 보고서는 목요일까지 보내주세요." 라고 요청했을 때, "알겠습니다."도 좋지만 "네~ 알겠습니다."가 더 좋은 표현이다. 또 여기서 "네~ 목요일까지 보내드리겠습니다."라고 반복 메시지를 활용하면, 상사는 적극적인 태도도 만족스럽고 반복 메시지를 통해 부하 직원이 상사의 메시지를 확실하게 알아들었다는 신뢰감도 생기기 때문이다. 이는 작은 일에서부터 '항상 무엇이든 책임을 지고 틀림이 없다'는 확신을 주는 좋은 이미지를 심어줄 수 있다.

"예 / 네" +

- 알겠습니다.
- 무엇을 도와드릴까요?
- 곧 해드리겠습니다.
- 잘 받았습니다.
- 거스름돈 여기 있습니다.
- 안내해 드리겠습니다.
- 안녕히 가십시오.

자료 : 삼성에버랜드 서비스아카데미. 서비스 BASIC, 삼성에버랜드의 내용을 재구성.

그림 4 YES의 미학

(7) 말끝 흐리지 말고 명확하게 전달하기

자신 있는 끝맺음은 상대방에게 강한 인상을 남기고, 상대방에 대한 신뢰를 쌓을 수 있으며, 본인에게는 만족을 가져다준다. 말끝을 흐리고 작게 말하는 경우, 말의 전달력이 낮을 뿐만 아니라 무성의하게 보여 신뢰감이 떨어지게 된다. 발음이 불분명하거나 본인은 업무상 항상 하는 말이라서 어조도 없이 중얼거리며 웅얼웅얼 말하게 되면, 상대방에게 의사전달이 안될 뿐만 아니라 신뢰감, 책임감을 얻기가 힘이 든다. 말끝이 흐려서 상대방이 못 알아들었을 경우 처음 한두 번은 다시 한 번 말해달라고 요청하겠지만, 반복이 되면 제대로 알아듣지도 못하고 나중에는 듣기를 포기해 버린다. 만약 그때 한 말이 중요한 말이었다면 오해의 불씨가 될 수도 있다. 특히 비용, 날짜, 세부사항 등 정보를 전달할 때는 더욱 구체적이고 명확하게 해야 한다.

말끝을 흐리는 것은 습관이다. 이 습관을 바꾸려면 먼저 혼잣말을 하는 버릇을 버려야 한다. '이 파일이 아닌데…', '그게 뭐였더라…' 이렇게 혼잣말을 웅얼웅얼 말끝을 흐리는 습관을 가지고 있으면 상대방에게 말을 전달할 때도 말끝을 흐리는 습관이 될 수 있다. 따라서 말끝을 흐리는 습관을 바꾸려면 입 밖에 내뱉는 모든 말을 마침표를 찍는다고 생각하고 문장을 완성하는 연습을 해야 한다. '이 파일이 아닌데…'라고 혼잣말을 하더라도, '내가 찾는 건 이 파일이 아니었는데, 파일명을 정확히 모르겠네요'라고 누군가에게 전달하는 메시지로 문장을 완성하는 것이다.

누군가와 함께 하는 시간이 상대적으로 길게 느껴질 수 있고, 반대로 시간이 참 빨리 지나갔다라고 생각할 만큼 짧게 느껴질 수도 있다. 배려있는 말 한마디는 상대방이 따듯한 마음을 느낄 수 있기 때문에 함께하는 시간이 즐겁고 유익하다고 생각하기에 시간이 짧게 느껴질 수 있을 것이다. 효과적인 커뮤니케이션 스킬을 활용하면 단 한마디라도 상대방이 받는 여러분의 인상은 달리질 수 있다.

효과적인 언어적 커뮤니케이션 스킬을 활용한다는 것은 어떤 말의 격식이나 형식을 지키기 위함일 수 있지만, 상대를 배려하는 마음을 표현하는 언어습관을 기르자는 의미이다.

스스로 정리하기

제3장 언어적 커뮤니케이션을 배우고 난 후 수업 내용을 한 문장의 자신만의 언어로 표현해 보고, 수업을 통해서 배운 점과 하고 싶었던 질문을 스스로 정리해 봅시다.

✓ 오늘 수업 내용을 한 문장으로 표현한다면 어떻게 할 수 있을까요?

✓ 오늘 수업을 통해서 배운 내용과 하고 싶었던 질문은?

스스로 실천하기

제3장 언어적 커뮤니케이션을 배우고 난 후 나의 언어적 커뮤니케이션 중 바꾸고 싶은 혹은 앞으로 내가 실천하고 싶은 언어적 커뮤니케이션 세 가지 이상을 작성하고, 앞으로 어떻게 실천할 것인지를 스스로 정리해 봅시다.

생각해 봅시다

행동을 유발하는 말

먼저 당신의 말을 바꾸는 것부터 시작하자.

- 나에게는 무리다.
- 어차피 실패한다.
- 해봤자 소용없다.
- 하는 만큼 손해다.
- 대충 하면 된다.
- 쓸데없다는 것을 이미 알고 있다.

전부 실패를 두려워하여 자신의 힘에 의심을 품고 노력을 포기하는 부정적인 말이다. 비관적인 말은 잠재의식에 스며들어 사고하고 행동하는 힘을 저하시킬 뿐 아니라 주위에 미치는 영향도 막대하다.
평소에 부정적인 말을 잘하는 사람에게는 다음과 같은 말을 추천한다.

- 할 수 있는 데까지 해보자.
- 할 수 있는 일부터 시작해 보자.
- 할 수 없는 일이라고 인식할 때까지 계속해 보자.
- 일단 해보자.
- 해보고 나서 생각하자.

무엇보다도 행동을 유발하는 말을 사용하는 것이 가장 중요하다. '할 수 있는 데까지 해보자'라고 말하면 행동을 시작하기가 쉽다. 설령 실패로 끝나더라도 '시도한 것 자체가 성과다'라고 생각하면 비관적인 사고를 하지 않게 된다.

–「순식간에 마음을 사로잡는 대화 습관」 중에서

CHAPTER 04

칭 찬

학습목표
- 칭찬의 위력을 3R이론으로 설명할 수 있다.
- 칭찬하기 위한 마음가짐 3가지를 설명할 수 있다.
- 칭찬법에 대해서 설명하고 활용할 수 있다.

사람들의 마음에는 '인정욕구'라는 것이 있다. 이 인정욕구가 채워지지 않으면 사람들은 자존감이 낮아지기도 하고, 불안해하기도 하고, 심리적으로 불안정한 상태가 된다. 그런데 칭찬은 상대방의 인정욕구를 채워줄 수 있다. 작은 말이라도 상대방을 인정해 주는 말을 해준다면 자신의 존재를 인정해 준다는 것을 의미한다. 이렇게 남에게 인정받을 때 인간은 가장 위대해진다고 한다.

칭찬의 위력은 3R 이론으로 설명할 수 있다. 3R은 Reinforced, Responses, Recur로 어떤 행동을 했을 때 그에 대한 보상을 받으면 그 행동이 강화·증가되고, 무시를 당하면 감소한다는 이론이다.

예를 들어, 어떤 사람이 관련 업무를 해 본 적이 없는 부서에 배속되었다고 하자. 아마도 그 사람은 생소한 일을 앞두고 불안에 가득 차 있을 것이다. 그럴 때 인사부에서 "당신의 잠재력을 보고 배속했다고 생각해요. 당신은 첫인상이 아주 좋아서 우리 부서에 잘 맞아요." 등의 말을 해주면, 그 사람은 의욕이 생기고 그렇게 말한 인사부 직원에게 호감을 갖게 된다.

칭찬을 받으면 긍정적인 마음이 든다. 그러므로 자신의 장점을 찾아 칭찬해 주는 사람에게 매우 공감하며 호의를 갖게 되고 좋은 행동을 증가시키게 된다. 다른 보상에 비해 큰 노력과 비용이 들지 않아 효율적이며, 그럼에도 불구하고 행동을 강화시키는 힘이 매우 강하여 그 어떤 보상보다 효과적이다. 그리고 활용에 따라 행동을 강화하여 상대를 변화시키는 것도 가능하다.

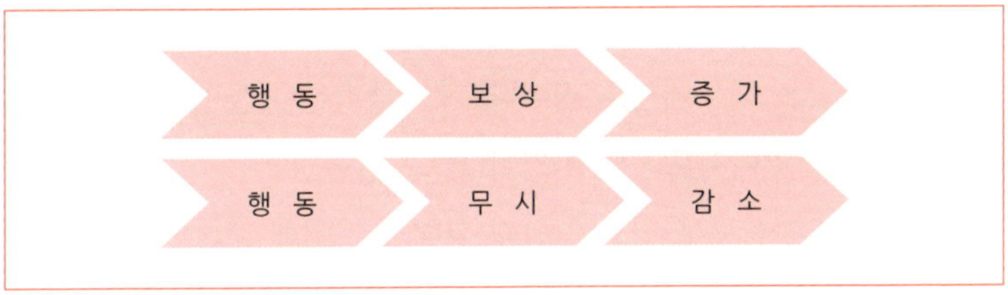

자료 : 임철웅. 마음을 훔치는 대화법, 42 MEDIA CONTENTS.

그림 5 3R 이론

칭찬은 그 사람이 올바른 행동이나 조직 내에서 성과를 올린 것에 대한 말의 포상이다. 많은 사람들이 칭찬의 중요성을 알면서도 정작 남을 칭찬하는 것에는 인색한 편이다. 물론 이론상으로는 남을 꾸짖는 것보다 칭찬이 훨씬 쉽고 간단하다지만, 현실은 그렇지 못하다. 하루하루 치열한 경쟁 속에서 살아가는 현대인들은 타인에게 인정받고 싶어 하는 욕구가 그런 미덕을 남에게 베풀려는 마음보다 몇 배나 강하기 때문이다.

간혹 누군가는 자신을 칭찬하는 말을 하면 공연히 거북하고 쑥스럽다고 말하는 사람도 있다. 남의 기분을 맞추려고 하는 상대에게 칭찬을 하는 것이 아부를 하는 '을'이 된 것처럼 느껴 자존심이 상한다는 사람도 있다. 하지만, 처음부터 커뮤니케이션은 대등한 관계에서 일어나므로 이런 계산은 필요가 없다. 오히려 칭찬을 잘하는 사람이 주도권을 잡는다.

1. 마음을 열어주는 인정, 칭찬

칭찬은 사람과 사람 사이를 부드럽게 이어주는 윤활유와 같은 역할을 한다.

칭찬은 듣는 사람에게도, 하는 사람에게도 생활의 플러스 역할을 톡톡히 한다. 칭찬은 사람을 웃게 만들고, 이는 마음속의 질투심이나 시기심이 줄어들고 칭찬한 자기 자신 또한 기분이 좋아진다. 커뮤니케이션을 훈련하는데 있어 칭찬은 매우 중요하며 서로 밀접한 관계를 가진다.

칭찬은 사회생활을 하는데 필수적이다. 사회생활은 물론이고 개인적인 인간관계를 유지하는데 있어서도 마찬가지이다. 그러나 칭찬을 무턱대고 남발하는 것은 좋지가 않다. 진심으로 칭찬했을 때 상대가 기뻐해 준다면 정말 좋겠지만, 진심이 제대로 표현되지 않거나 진심을 말했음에도 불구하고 다르게 받아들일 수도 있다.

칭찬이 상대에게 제대로 전달되기 위해서 가장 중요한 것은 진정성이다. 우리는 진정성을 가진 칭찬을 하기 위해 다음과 같은 세 가지 마음을 가져야 한다.

첫째, 칭찬이 대화에서 얼마나 중요한지 깨닫고 실행하려는 마음가짐을 가져야 한다. 칭찬하고자 하는 마음이나 머릿속에만 존재하는 칭찬은 없는 것이나 마찬가지이다. 상대방에게 전달해야만 마음을 전할 수 있다.

둘째, 분야별로 칭찬을 준비하고 연습한다. 진실한 칭찬을 위해서 어색하게 연습해야 한다고 생각하면 거부감이 들 수 있다. 하지만 즉흥적으로 흔하지 않은 칭찬을 하려면 미리 머릿속에 칭찬의 말들을 준비해놓는다고 생각하면 된다.

셋째, 상대를 관찰하려고 노력해야 한다. 상대를 잘 관찰해야 그 상황에 적합한 칭찬을 꺼내어 전달할 수가 있다. 누군가의 좋은 점을 찾아내어 말한다는 것, 무엇을 얻는 것을 떠나 상대방에게는 축복과 같은 말투이다.

이제 커뮤니케이션을 시작하기 전에 상대방이 가지고 있는, 아니면 가지고 있었던 좋은 것을 찾아내어 보자. 사람을 칭찬할 때는 '상대방의 단점보다는 장점을 먼저 보자'라는 마음을 가지고 있어야 한다. 아무리 단점이 많은 사람이라도 장점을 한두 가지는 가지고 있기 때문이다. 즉 상대방에 대한 자신의 견해를 긍정적으로 바꾸는 마음가짐을 가지고 있어야 한다. 칭찬은 한 번 익숙해지면 생각보다 쉽게 할 수가 있다. 진정성을 가진 칭찬을 하기 위한 세 가지 마음을 가지고 칭찬에 진심을 담는 방법과, 그 진심을 상대에게 제대로 전하는 방법을 알아보자.

2. 진심을 담는 칭찬법

(1) '즉시' 칭찬하라.

칭찬을 할 때는 그 타이밍이 중요하다. 칭찬은 처한 환경에 따라 가능한 즉시 하는 것이 좋다. 심리학에서 '강화(强化)의 지연은 강화의 효과를 깎아 내린다'고 했다. 부하 직원이 좋은 성적을 냈을 때 "이번 월례보고회 때 자네 일을 칭찬하겠네."라는 자세는 효과를 반감시킨다. 시간이 지나면 부하 직원은 이미 과거 자신의 성적보다는 다음 일에 관심을 갖게 될 것이다. 칭찬에는 신속함이 필요하다. 다시 말해서, 그때 그 장소에서 아직 상대의 열기가 식지 않았을 때 칭찬하는 것이 가장 좋다.

- 부하 직원이 작성한 보고서가 훌륭할 때
  - ➡ "오늘 작성한 보고서 정말 완벽해. 자네같이 이렇게 꼼꼼하게 일처리 하는 사람은 뭐든 믿고 맡길 수 있겠어."
- 부하 직원이 고객사와의 커뮤니케이션을 잘할 때
  - ➡ "정대리는 전화 응대가 워낙 매끄러워서 누구에게든 좋은 인상을 줄 거야. 그래서 고객사와 커뮤니케이션이 잘되니 업무처리가 신속하게 이루어지는 거 아니겠어?"

(2) '구체적'으로 칭찬하라.

어떤 사람을 칭찬할 때 추상적인 말은 자칫 오해를 살 수가 있다. 구체적이지 못한 칭찬은 좋은 의도로 말을 했더라도 듣는 사람이 해석하기에 따라 아부성 발언으로 들리거나, 때로는 비아냥거리는 말로 들릴 수도 있으니 조심하는 것이 좋다. 다음의 추상적인 칭찬을 구체적인 칭찬으로 바꿔보자.

- "이야, 김대리 참 능력 있어."
  ➡
- "역시, ○○씨는 센스가 있어."
  ➡

(3) '눈에 보이는 장점'을 칭찬하라.

칭찬을 하는 것이 어려운 사람들에게 제일 쉽게 할 수 있는 칭찬 내용은 외모나 물건에 대한 칭찬이다. 외모나 물건에 관해서는 가장 직관적이고 자연스럽게 칭찬할 수 있다. 외모를 칭찬할 때는 단순히 미남 · 미인이라는 칭찬이 아니라, 눈이 빛난다거나 목소리가 호소력 있다거나 인상이 좋다는 등의 구체적인 이유로 칭찬하는 것이 좋다. 외모는 하루아침에 변하는 것이 아니기 때문에 이미 누군가가 똑같은 칭찬을 했을 가능성이 높다. 따라서 외모에 대해 칭찬할 때는 눈에 띄는 점을 바로 칭찬하지 말고 한 번 더 생각해서 상대의 특별한 점을 찾아 말해 주는 것이 좋다.

물건에 대한 칭찬은 실패할 확률이 상대적으로 적다. 상대방이 가진 다양한 소품에 대해서 칭찬하면 이후 그 물건을 구입하는 방법, 또는 사용하는 방법에 대한 설명에 대해 질문하고 듣는 등 자연스럽게 커뮤니케이션 할 수 있어서 좋다. 상대가 지금 신경 쓰고 있는 물건이나 변화가 생긴 물건을 찾아 언급해 주어야 효과가 크다. 따라서 물건을 칭찬할 때는 관찰력과 기억력이 중요하다. 한 번 칭찬했던 물건에 대해서 또 칭찬을 하면 어색한 상황이 올 수도 있다. 외모와 물건에 대한 칭찬을 연습해 보자.

- "넥타이 어디서 사셨어요? 아무나 소화하지 못하는 색상인데, 참 잘 어울리세요."
-
-

(4) 상대방의 '능력과 인품'을 칭찬하라.

칭찬할 때 외모나 옷차림에 대한 칭찬도 좋지만, 상대방의 능력과 인품을 칭찬해 주는 것도 효과적이다. 물건을 보는 안목이라든지 의사결정 시 판단력, 그리고 어떤 분야에 대한 지식이나 정보 혹은 감각이나 실력 등을 칭찬하는 것을 말한다. 능력과 인품은 상대가 지금까지 한 행동이나 제스처, 말투 등을 포함한다. 능력과 인품에 대한 칭찬은 외모나 물건과 달리 눈에 보이지 않기 때문에 이에 대한 칭찬은 특별하게 여겨진다. 그래서 별로 친분이 없을 때는 능력과 인품을 칭찬하기가 어렵다.

능력과 인품에 대한 칭찬은 지속적인 관심을 가져야만 파악할 수 있다. 상대방에 대한 능력과 인품을 칭찬하면, 듣는 사람으로 하여금 용기와 자신감을 북돋게 한다. 때문에 상대방과 더 신뢰감 있는 관계를 형성하는데 도움이 된다.

- "○○씨는 성실함으로 보자면 둘째가도 서러울 친구야. 젊은 사람이 그만큼 성실하기가 쉽나? 나는 자네의 그 노력하는 점이 가장 마음에 들어."
-
-

(5) 노력하는 '과정'을 칭찬하라.

사람을 칭찬할 때는 결과가 아니라 과정을 평가하는 것이 중요하다. 예를 들어, 책상을 정리했을 때 '책상이 깨끗하네'라고 칭찬을 하는 것과 '정리를 잘하네'라고 칭찬하는 것은 미묘하게 다르다. 결과를 보기만 하고 끝내는가, 근본을 제대로 꿰뚫어보는가에서 오는 차이다. 당연히 동료 입장에서 '책상이 깨끗하네'라고 있는 그대로의 사실을 칭찬받기보다 '정리를 잘하네'라고 자신의 특성을 평가받는 쪽이 훨씬 기쁘고 자랑스럽다. 이는 '더 잘하자'라는 동기부여도 된다. 회사 내 부하 직원이 큰 성과를 거두었을 때, '큰 매출을 올렸네' 등 결과만 칭찬해도 좋지만, '평소에 고객사와 섬세하게 대화를 나누던 노력이 마침내 결실을 거두었네'라고 칭찬하는 것이 더 효과적이다.

'절대량이 아니라 변화율로 평가한다'는 관점이 중요하다. 언제나 90점의 일을 하던 사람이 95점의 일을 했을 때는 당연히 칭찬하게 되지만, 항상 30점의 일밖에 못하던 사람이 60점의 일을 했을 때에도 제대로 칭찬으로 평가해 준다.

조직에는 60점의 일보다 95점의 일이 당연히 더 좋다. 그러나 30점의 일밖에 할 수 없었던 사람이, 60점의 일을 이루어냈다는 사실을 제대로 평가해 주면 동기부여가 되어 다음에는 80점, 90점의 일을 할 수도 있다.

마찬가지로 좀처럼 눈에 띄지 않는 부서에서 노력하는 사람, 누군가가 반드시 해야 하는 뒤치다꺼리를 맡은 사람도 충분히 평가하고 칭찬해 주어야 한다. 누군가를 배려하며 들어주는 노력이나 이해하려 애쓰는 모습, 그리고 상황이 잘 풀리도록 협조하려는 모습 등을 칭찬한다. '제대로 보고 있어, 당신을 평가하고 있어'라는 마음을 '항상 감사하다'는 말에 담아서 전하도록 한다. 그러면 칭찬 받은 상대방은 '나를 봐주는 사람이 있다'는데 안심을 하고 친근감을 갖게 되어 인간관계가 활발해진다. 이를 통해서 조직 전체에 일체감과 더불어 양질의 의사소통이 가능하게 된다. 칭찬은 칭찬한 상대뿐만 아니라 조직 전체를 활성화시킨다.

- "평소에 현장에 자주 나가 현장의 소리를 열심히 듣고, 고객사와 섬세하게 대화를 취하던 노력이 마침내 결실을 거두었네."
- "네, 제 입장을 이해해 주시니 정말 감사합니다. 제가 더 최선을 다하겠습니다."

- "부장님께서 많이 도와주셔서 어렵던 과정을 빨리 끝낼 수 있었습니다. 감사합니다."
-
-

(6) '간접적'으로라도 칭찬하라.

칭찬은 가능하면 즉시 · 신속하게 전하는 것이 좋지만, 상황에 따라 칭찬할 타이밍을 놓칠 수도 있다. 상대방에게 직접 이야기하지 않더라도 제3자를 통해 간접적으로도 칭찬하는 것이 좋다. 제3자를 통해 들려준 칭찬은 바로 앞에서 하는 칭찬보다 아부나 겉치레가 아니라는 확신을 주기 때문에 훨씬 더 큰 신뢰성을 가질 수 있다. 따라서 즉시 칭찬을 못했을 때 제3자에게 간접적으로 칭찬을 하고, 때론 간접적으로 들은 칭찬을 상대방에게 직접 전달해 주자. 간접적인 칭찬은 주변으로부터 자신이 인정받고 있다는 사실을 확인하는 것이므로 몇 배의 자신감이 생긴다. 따라서 제3자와 있을 때에 뒷담화 대신 칭찬을 많이 하자.

- "박대리는 내가 정말 믿어. 그 정직함은 내가 정말 존경해."
- "최과장이 그러던데, 자네가 그렇게 업무 처리를 잘한다면서? 아주 꼼꼼하다고 입이 마르도록 칭찬하더군."
-
-

(7) '상대의 이름을 언급'하면서 칭찬하라.

명절이나 연말 · 연초에는 지인들에게 안부 문자를 많이 받는다. 그때 우리는 어떤 사람에게 답문을 보내는가 생각해 보자. 대부분이 같은 내용의 뻔한 단체 문자를 받는 경우가 많다. 그런데 뻔한 내용이라도 나의 이름을 넣은 문자를 받으면 답문을 하게 된다. 나의 이름을 넣는 것 하나라도 상대는 나에게 보내는 특별한 문자라고 인식하기 때문이다.

칭찬도 마찬가지다. 상대의 이름을 부르는 것이 간단하지만, 칭찬을 더 잘 수용하도록 도와주는 중요한 방법이 된다. 항상 상대의 이름을 앞에 붙이지 않아도 된다. 가끔씩 언급해 주기만 해도 도움이 된다.

- "자네 눈을 보면 말이야, 총기가 느껴진단 말이야. 젊다는 게 느껴지는 눈이야."
  ➡
-
-

(8) '비언어적 메시지'도 칭찬하라.

같은 내용의 칭찬을 전할 때 칭찬의 내용만큼이나 신경을 써야 하는 것이 비언어적 메시지이다. 언어적 메시지는 칭찬의 내용인데, 비언어적 메시지가 비호감의 메시지로 전달되면 시기와 질투의 말, 비꼬는 말로 전달될 수도 있기 때문이다. 앞에서 배운 비언어적 메시지를 잘 기억하고 호감이 가는 비언어적 메시지로 칭찬을 전달하자.

표 3 긍정 / 부정의 비언어적 커뮤니케이션

긍 정	부 정
• 눈을 또렷하게 마주친다.	• 차갑게 노려본다.
• 손을 가지런히 놓는다.	• 가짜로 하품한다.
• 상대방 대화에 맞춰 움직인다.	• 손톱을 소제한다.
• 자주 미소를 짓는다.	• 조소한다.
• 시선을 떼지 않는다.	• 천정을 본다.
• 행복한 얼굴을 한다.	• 찡그린다.
• 이를 드러내고 활짝 웃는다.	• 입을 실룩이거나 삐죽인다.
• 상대방을 마주 대하고 똑바로 앉는다.	• 상대방과 마주하지 않고 비스듬히 앉는다.
• 긍정적으로 고개를 끄덕인다.	• 부정적으로 고개를 젓는다.

긍 정	부 정
• 눈을 크게 뜬다. • 말하는 동안 손짓을 사용해 표현한다. • 짧은 눈맞춤을 한다. • 입을 오므린다. • 눈을 크게 뜬다. • 눈썹을 크게 뜬다.	• 줄담배를 핀다. • 손가락을 꺾는다. • 주위를 둘러본다. • 머리를 만지작거린다. • 삿대질을 한다. • 다른 곳으로 눈길을 돌린다.

자료 : 임창희 · 홍용기 · 채수경. 비즈니스 커뮤니케이션, 한올.

(9) '칭찬을 받는 방법'도 중요하다.

효과적으로 칭찬하는 방법을 익혀 보았다. 칭찬을 들었을 때 우리는 어떻게 반응해야 할까? 칭찬을 긍정적으로 수용하면 칭찬을 한 사람은 더 칭찬해 주고 싶어진다. 반대로, 칭찬을 받아들이는 방법을 몰라서 화제를 돌려버리면 칭찬하는 상대를 무시하는 행동으로 오해받을 수 있다. 멋쩍거나 겸손해 보이기 위해서 하는 경우라도 칭찬을 잘못 받아주면 상대는 더 이상 칭찬을 하고 싶어하지 않는다. 따라서 칭찬을 받을 때는 긍정적으로 칭찬을 수용하도록 한다. 겸손하지 않은 모습으로 보일까봐 부끄러워하거나 입 안에서 작게 중얼거리면서 멋쩍어하지 않아도 된다.

과도한 겸손은 오히려 상대를 불편하게 만들 수도 있다. 상대의 칭찬을 인정하며 감사를 표하는 긍정적인 수용 방법으로도 겸손함을 충분히 표현할 수 있다. 이런 반응이 모여서 나의 평판이 만들어진다. 상대의 칭찬을 인정하고 감사를 표하는 것을 어렵게 생각하지 말자.

- "제가 도움이 되었다니 정말 다행입니다. 칭찬 감사합니다."
- "이번에 새로 산 가방인데 바로 알아봐주는구나. 고마워."
- "그런 칭찬은 처음입니다. 고맙습니다."
-
-

마음에서 우러나오는 말은 언제 어디서든 통하는 법이다. 칭찬을 할 때 가장 중요한 것은 처음에 강조했던 바와 같이 진심을 담아서 전달하는 것이다. 진심으로 상대방을 인정하고 칭찬한다면, 그 마음이 상대에게 그대로 전해질 것이다. 가식적으로 내뱉는 말과 진심으로 하는 말의 차이는 매우 크다.

사회생활에 있어 가장 큰 영양제가 되고 활력소가 되는 칭찬을 당신은 얼마만큼 먹고 있는지, 그리고 또 남에게 얼마나 베풀었는지 생각해 보자. 영양분이 모자라면 사람은 병들기 마련이다. 지금 주위 사람들을 한 번 떠올려 보자. 그리고 좋은 점을 찾아내 보자. 좋은 점을 찾아내어 말하는 것이 어쩌면 용기가 필요한 어려운 일일 수도 있다. 누군가를 칭찬하거나 본인이 칭찬을 받은 경험이 적으면 어떻게 칭찬해야 할지 머릿속에 바로 떠오르지 않기 때문이다. 하지만 이제부터 적어도 하루에 3명씩 최소한 1분간 칭찬하는 시간을 가져보자. 이때 대상이 되는 사람의 실력을 평가 · 판단하지 않고 처음부터 '이 사람을 칭찬하자'라고 결정한 다음 대하는 것이 포인트이다. 쉽게 찾은 수 있는 눈에 보이는 것부터 바로 칭찬을 시작해 보자.

표 4 분야별 칭찬의 장 · 단점

구 분	장 점	단 점
외모	• 직관적으로 칭찬할 수 있다. • 자연스럽게 칭찬할 수 있다.	• 상대의 콤플렉스를 건드릴 수 있다. • 흔한 칭찬이 될 수 있다.
물건	• 대화 소재로 계속 활용할 수 있다. • 실패할 위험이 적다.	• 칭찬의 임팩트가 적을 수 있다. • 소개가 한정적이다.
행동	• 특별한 칭찬이 될 수 있다. • 관계 형성에 용이하다.	• 부담을 줄 수 있다. • 격려나 의도가 있다고 오해받을 수 있다.

자료 : 임철웅. 마음을 훔치는 대화법, 42 MEDIA CONTENTS.

스스로 정리하기

제4장 마음을 열어주는 인정 · 칭찬을 배우고 난 후 수업 내용을 한 문장의 자신만의 언어로 표현해 보고, 수업을 통해서 배운 점과 하고 싶었던 질문을 스스로 정리해 봅시다.

✓ 오늘 수업 내용을 한 문장으로 표현한다면 어떻게 할 수 있을까요?

✓ 오늘 수업을 통해서 배운 내용과 하고 싶었던 질문은?

스스로 실천하기

제4장 진심어린 칭찬법을 활용하여 직장 동료에게 그리고 가족 구성원들에게 지금 당장 실천할 수 있는 칭찬 3가지를 작성하고, 앞으로 어떻게 실천할 것인지 스스로 정리해 봅시다.

생각해 봅시다

칭찬에는 '다음'이 없다

칭찬과 관련하여 네 가지 유형의 사람이 있다고 한다. 첫째, 다른 사람도 칭찬하지 않고, 자신도 칭찬하지 않는 사람이다. 그 사람은 혼자만 살다가 가야할 사람이다. 둘째, 다른 사람은 칭찬하면서 자기는 칭찬하지 않으려는 사람이다. 지나치게 겸손한 사람이다. 셋째, 다른 사람은 칭찬하지 않으면서 자기만을 칭찬하는 사람이다. 이런 사람은 한쪽으로 치우쳐 있는 사람이다. 넷째, 다른 사람도 칭찬하고 자기도 칭찬하는 사람이다. 이런 사람이 바로 성공할 수밖에 없는 칭찬의 리더십을 지니고 있다.

칭찬은 아첨이나 겉치레의 말이 아니다. 따라서 어디까지나 사실에 입각하지 않으며 안 된다. 진실을 그 자리에서 전달하는 것이 칭찬이다. 마음속에서 '좋구나' 하고 느끼면 그 즉시 말해 준다. 좋다는 느낌을 바로 말로 표현하는 습관을 길러야 한다.

칭찬은 평소에 연습하지 않으면 쉽게 나오지 않는다. 칭찬도 자신감이다. 그래서 칭찬도 해 본 사람만이 할 수 있다. 가능하면 언제, 어디서라도 상황과 조건과 관계없이 칭찬과 격려의 말을 할 수 있도록 노력하라. 시간이 지나면 칭찬도 효력이 줄어든다. 칭찬에는 '다음'이 없다. 그러므로 지금 바로 칭찬하라.

–「소통의 기술」 중에서

CHAPTER 05

경 청

학습목표
- 경청의 장애요인을 분석할 수 있다.
- 경청과 공감의 기술을 이해하고 활용할 수 있다.
- 경청의 효과를 설명할 수 있다.

1. 잘 듣기의 기술, 경청

커뮤니케이션이 이루어지려면 말하는 사람의 '입'만 있어서는 안 된다. 상대방의 말을 들어주는 '귀'도 있어야 한다. 다른 사람의 말을 들어줄 수 있는 자세가 가장 기본적인 커뮤니케이션 방법으로, 그 중요성은 아무리 강조해도 지나치지 않을 것이다. 보다 많은 사람들과 보다 원만한 대인관계를 구축하고 싶다면 꼭 갖춰야 하는 능력이 바로 경청하는 자세이다. 먼저 듣기, 경청의 두 단어 뜻을 정리해 보자. 듣기와 경청은 어떠한 차이가 있을까?

聽 들을청

耳 + 王 + 十 + 目 + 一 + 心
귀이 임금왕 열십 눈목 한일 마음심

들을 때 귀(耳)를 임금(王)처럼 크게 세워서 자세히 들어야 된다.
그리고 열 개(十)의 눈(目)을 뜬 듯 상대방의 모든 것을 살펴봐야 한다.
이때 내 마음은 한마음(一心)으로 상대방의 마음을 향해 한결같이 일치되어 있어야 한다.

자료 : 지희진. 지교수의 행동하는 매너, 메이킹하는 이미지, 한올출판사의 내용을 재구성.

그림 6 경청이란?

듣기Hearing는 귀만 열고 듣는 것이고, 경청Listening은 마음을 열고 정신을 집중Attending하여 이해Comprehend하면서 듣는 것이다. 듣기와 경청은 분명 차이가 있다. 우리는 그냥 듣기가 아니라 귀를 열어 표정, 눈빛, 몸, 마음을 상대에게 집중시켜 듣겠다는 경청의 자세가 필요하다. 즉 상대방이 전달하고자 하는 말의 내용은 물론 그 내면에 깔려있는 기분, 감정, 의미에 귀 기울여 듣고 이해한 바를 상대방에게 피드백 해주는 능력이 필요하다.

자신이 일방적으로 말만 하는 사람인지, 아니면 상대방의 이야기를 듣고 다음 이야기를 할 수 있는 사람인지 점검해 보아야 한다. 다른 사람의 말을 경청하는 것은 말을 하는 만큼 중요하기 때문에, 언변이 비록 유창하더라도 상대의 말을 경청하는 자세를 갖추지 못한다면 결코 의사소통을 잘하는 사람이라고 할 수 없다. 상대의 제대로 된 생각을 알기 위해서, 상대의 마음을 열기 위해서, 서로 교감하기 위해서 등 경청이 중요한 이유는 정말 많다.

커뮤니케이션에 있어 상대방의 말을 경청하는 능력은 상대의 마음을 읽을 수 있는 능력과 일치한다. 관심을 가지고 상대방의 말을 경청하는 것, 상대방의 생각과 마음을 읽어 낼 수 있는 가장 확실한 방법이다. 경청함으로써 상대방의 심정과 감정, 태도와 현재의 상황 등을 전달받는다. 옛말에 '지피지기(知彼知己)면 백전백승(百戰百勝)'이라고 했다. 상대를 알고 이해한 다음에 나를 이해시키고자 한다면, 내가 말하고자 하는 바는 분명하게 상대에게 전달될 것이다.

듣기에는 5가지 수준이 있다. 자신은 어느 수준에 속하는지 확인해 보자.

실습

경청 능력 자가진단

경청 습관	점 검
1. 대화를 할 때 상대방에게 나의 모든 주의를 기울인다.	
2. 대화하는 동안 의식적으로 문제나 세부사항을 찾아본다.	
3. 메시지를 전부 듣고 난 후까지 다음 소견을 준비하지 않는다.	
4. 진심으로 듣고자 하는 관심을 가지고 의사소통에 접근한다.	
5. 나의 감정으로 인해 듣기가 방해되지 않도록 한다.	
6. 이야기를 들으면서 공상에 잠기는 것을 피한다.	
7. 나 자신이 상대방의 입장이 되도록 노력하고, 상대방이 말하려는 것에 감정이입을 하려고 노력한다.	
8. 대화 중 앞서서 비약하는 것을 피하기 위해, 다른 사람이 무엇을 말하려는지 알고 있다고 생각하지 않는다.	
9. 상대방이 말한 메시지를 이해한다는 것을 증명하기 위해, 질문을 하여 그 의미를 이해하고 있는지 체크한다.	
10. 내가 이해하지 못하는 단어나 문장을 명확히 하기 위해, 질문을 하여 그 의미를 이해하고 있는지 체크한다.	
11. 상대방이 말하고 있는 동안 집중하도록 다양한 기술을 사용한다.	
12. 상대방이 이야기할 때 눈을 맞추든지 그를 쳐다본다.	
13. 내가 말하는 것에 상대방이 어떻게 응답할지에 대해서 의식적으로 생각한다.	
14. 나에게 예민한 주제라고 해도 상대방에게 자신의 생각을 제시하도록 한다.	
15. 들을 때 다른 소리나 활동에 방해받지 않는다.	
16. 객관적으로 들으면서 상대방을 판단하지 않는다.	
17. 들으면서 메모한다.	
18. 단지 사실이나 세부사항뿐 아니라 생각과 개념에 대해서 들으려 한다.	
19. 효과적인 듣기를 위해 가장 좋은 환경을 제공하며, 주위가 산만하지 않은 장소를 택한다.	
20. 상대방의 자세와 제스처를 관찰하고 평가한다.	
합 계	

자료 : 박혜정 · 김남선. 고객서비스입문, 백산출판사의 내용을 재구성.

첫 번째, '무시' 상대방의 말을 들으려고 노력하지 않는다.

두 번째, '듣는 척' 상대방의 말을 듣는 시늉만 보인다.

세 번째, '선택적 듣기' 상대방이 하는 말 중에서 흥미 있는 부분만 듣는다.

네 번째, '적극적 경청' 상대방의 말을 잘 듣기 위해서 적극적인 자세를 취한다.

다섯 번째, '공감적 경청' 상대방의 말, 의도, 감정을 이해하기 위해 상대방이 말하는 동안 자신의 생각과 감정을 비우고 잠시 상대방의 입장이 된다.

원만한 직장생활을 위해서는 '네 번째'에서 '다섯 번째' 수준까지 듣기의 수준을 끌어올려야 한다.

2. 경청의 장애요인

사람들은 커뮤니케이션 상황에서 다른 사람의 말을 들은 후 10분이 경과하면 내용의 50%만을 기억하고, 48시간이 지나면 기억의 정도는 25%로 줄어든다. 즉 25% 정도만을 기억할 수 있고, 나머지 75%의 말은 흘려버리고 만다. 또 사람이 말할 때 평균적으로 1분간 사용하는 단어는 100~140개이고, 듣는 속도는 말하는 속도의 2~3배라고 한다. 듣는 사람의 경청 자세에 따라 상대방의 말을 보다 더 기억할 수 있고 없고의 정도가 좌우된다는 것이다. 경청하는데 있어 경청을 방해하는 장애요소들은 다음과 같이 자신이 인식하지 못하는 사이에 일어나기도 한다.

경청을 방해하는 잡음요인은 외적 장애요인과 내적 장애요인으로 나누어진다. 외적 장애요인은 시끄러운 근무 환경과 같은 청각적 소리와 시각적으로 산만한 시각적 장면, 후각적 요인 등이 있다. 내적인 장애요인은 자기중심적 사고, 방어적 성격, 경험적 우월성, 이기주의 등 정신적인 요인과 타인에 대한 선입관, 상대방의 지위와 같은 감정적 요인, 내용 자체의 산만함, 피곤함 등을 예로 들 수 있다. 가장 흔한 경청의 장애요소를 조금 더 살펴보자.

① 낮은 관심 혹은 무관심

상대방의 말을 들으면서 머릿속으로 다른 생각을 하거나 메시지의 내용에 대해 무관심할 경우 경청은 어렵다.

② 평가적인 청취

상대방의 이야기를 들으면서 머릿속으로 상대방의 이야기에서 잘못된 점을 지적하고 판단하는 것에 열중한다.

③ 말하기를 선호하는 경향

전달자의 메시지를 듣는 순간에도 자신이 할 말을 생각하는 경우 경청은 어렵다.

④ 편견과 선입견

전달자에 대한 평판이나 근거 없는 편견은 경청을 방해한다.

⑤ 문제의 유사성이나 해석 방식의 차이

전달되는 내용이 자신의 경험과 유사하거나 전달자와 다르게 상황을 해석하고 이해하는 것은 모두 경청의 방해요소이다.

⑥ 문화적 차이

나라별 관습이나 경제적 격차 등으로 인한 문화 차이는 경청을 방해할 수 있다.

⑦ 동정심

동정심은 냉정한 판단을 할 수 없게 하므로 경청에 방해가 된다. 동정보다는 공감을 하여야 한다.

위와 같은 요인들은 효율적인 경청을 방해하고 있는 요소들이다. 커뮤니케이션을 잘하기 위해서는 이러한 방해요소들을 제거하고, 들은 내용을 이해하며 상대방이 전하고자 하는 의미를 찾기 위해 주의 깊게 경청해야 한다.

표 5 10가지 나쁜 / 좋은 경청 태도

10가지 나쁜 경청 태도	10가지 좋은 경청 태도
1. '흥미 없는' 주제라고 여김 2. 전달자의 말솜씨, 개인적 용모, 넥타이 따위에 신경을 씀 3. 넘겨짚고서 반박을 준비함 4. 사실에만 귀를 기울임 5. 들은 모든 것을 개관하려고 함 6. 전달자에게 집중하는 척함 7. 모임의 주의산만한 요인을 모른 체함 8. 어려운 내용은 피함 9. 신경 쓰이는 표현에 영향을 받음 10. 말의 속도(분당 100~300단어)와 생각의 속도(분당 800단어)의 차이를 무시함	1. 뭔가 도움이 될 만한 것을 찾고자 함 2. 전달자의 용모보다 메시지에 10배는 더 신경을 씀 3. 전달자를 판단하기에 앞서 그의 말을 끝까지 들음 4. 중심 생각, 원리, 개념에 귀를 기울임 5. 2~3분간 듣고서 기록함 6. 듣는 동안 긴장을 풀지 않음 7. 주의산만한 요인에 조치를 취함 8. 어려운 내용을 듣기 위해 학습함 9. 자신에게 크게 신경 쓰이는 표현 장벽을 잘 알고 있음 10. 생각의 속도를 유용함. 머릿속으로 요약함

자료 : 박소영 · 김민수 · 박혜윤. 커뮤니케이션 예절, 새로미.

3. 효과적인 경청기술

커뮤니케이션을 잘하기 위해서는 말하는 것만큼 잘 듣는 적극적 경청 능력이 필요하다. 적극적 경청이란 커뮤니케이션에 있어서 적극적인 청취 태도에 대한 사고방식을 말하는데, 이는 '공감적 경청'이라고도 하며 상대방의 이야기를 그대로 반영하여 이야기하므로 '반영적 경청'이라고도 한다. 경청을 잘하기 위해서는 말하기만큼이나 많은 훈련과 노력이 필요하다.

(1) 먼저 지금 하는 모든 일을 접어두고 상대방의 말에 집중해야 한다.

말하는 것과 듣는 것은 동시에 할 수 없다. 상대방이 일단 말을 하면, 말하는 것을 멈추고 신중한 자세로 경청한다. 주위의 산만한 요소들을 정리하고 하던 일이 있다면 빨리 마치고 응대하거나 잠시 멈추고 상대방에게 이야기를 듣는다.

또한 상대방에게 완전히 주의 집중하여 모든 메시지에 초점을 맞춘다. 그래야 상대방의 메시지를 잘 이해하고 상대방의 욕구를 만족시킬 수 있다. 바르게 앉거나 서서 상대방의 눈을 맞추고 적절히 상대방에게 몸을 굽혀 귀를 기울여 집중하여 기꺼이 듣고 있음을 보여준다.

(2) 상대방이 충분히 이야기를 다하도록 기다려줘야 한다.

대부분의 사람들은 성격이 급하다보니 상대방의 말에 귀를 기울이는 대신 틈이 나면 자기가 하고 싶은 말을 하려고 한다. 또 우리는 커뮤니케이션 도중 상대가 같은 이야기를 여러 번 반복하는 것을 종종 듣게 된다. 그러나 한 번 들은 내용이라고 해서 상대가 말하는 도중에 그것을 면박주거나 딴청을 피우면, 상대가 말하고자 하는 바를 더 이상 하지 못하고 무안해 하기 마련이다.

사람과 사람 사이의 관계를 넓히기 위해서는 우선 참고 들어주는 인내를 익혀야 한다. 상대가 말을 끝마칠 때까지 기다렸다가 자신의 의견을 이야기할 줄 아는 인내 또한 커뮤니케이션을 주도하는 전략이자 지혜이다. 그리고 상대의 의견을 끝까지 들으면 조금 더 자신의 의견을 조리 있게 이야기할 수 있다.

(3) 상대방이 하는 말의 내용을 이해하면서 들어야 한다.

상대방의 말이 비록 나의 생각과 다르다고 해서 상대의 말을 부정하고 나선다면 더 이상 커뮤니케이션은 진행되지 못한다. 그러나 자신과는 다소 입장이 다르다고 해도 상대의 말을 이해하기 위한 자세를 가지고 듣게 되면 대화는 한층 더 원활해질 수 있다.

주관적인 의견이나 판단을 피해 선입견 없이 열린 마음으로 듣는다. 흥미를 가지고 듣게 되면 상대의 마음은 활기 있게 되고, 성의를 가지고 들어주면 마음이 안정되고 자신감이 넘치게 된다.

(4) 상대방의 말에 대한 의도를 파악해야 한다.

사람은 무엇인가 목적을 가지고 의사소통을 하게 된다. 이야기를 나누는 과정에서 드러나는 표현과 숨겨져 있는 의도가 있을 수 있다. '이러한 점에 있어서는 맞다, 그리고 이러한 점은 왜 그렇게 생각하는 것일까'라고 한걸음 물러서서 생각해 보아야 한다. 경청한다는 것은 드러나는 말 뿐만 아니라 의도를 파악해내는 것이기도 하다.

(5) 적재적소의 맞장구를 친다.

커뮤니케이션의 묘미는 맞장구에 있다. 소통이 이루어지고 있다는 확실한 반응이 바로 맞장구다. 적당한 동작을 섞어가며 맞장구를 쳐주는 상대가 있으면, 무슨 이야기를 해도 분위기가 살아난다. 맞장구를 친다는 것이 상대의 이야기에 무조건 수긍만 하라는 뜻은 아니다. 맞장구에도 변화가 필요하다. 계속해서 '맞아요!'만 되풀이 하면 오히려 말하는 쪽이 머쓱해진다. 단조로운 맞장구는 커뮤니케이션의 불협화음을 예고하는 옐로카드와 같다.

시기적절하게 맞장구를 치면서 상대방과 일체가 되어 커뮤니케이션을 해야 한다. 상대방이 말하고 있는 중에 가끔씩 들은 내용을 바꾸어 말하되, 말참견을 하거나 끊지 않아야 한다.

① 맞장구의 종류

- 가벼운 맞장구 : 반응 없이 가만히 듣고만 있는 것이 아니라, 가볍게 반응을 보여줌으로써 상대방의 기분을 돋우어 줄 수 있다.
  - "저런!", "그렇습니까?", "아닙니다.", "잘됐습니다.", "그렇게 하세요."
- 동의하는 맞장구 : 공감하는 기분을 솔직하게 나타내는 것이 핵심이다.

- "과연!", "정말 그렇겠군요.", "알겠습니다."

- 정리하는 맞장구 : 상대방을 말주변이 없는 사람이라고 규정하지 말고 정리해 주거나 핵심을 분명히 해주면 서툰 사람도 능숙해진다.
  - "그 말씀은 이것과 이것을 말하고 싶다는 것이지요?"
  - "이런 측면도 있습니다만…"
  - "말하자면 이런 것입니까?"
- 재촉하는 맞장구 : 재촉하는 맞장구 표현은 말을 전개하는데 필수 요소이다.
  - "그래서 어떻게 되었습니까?"
  - "A는 그렇다 치고 B는 어떻습니까?"
  - "말씀하시는 것은 알겠습니다만…"
- 몸으로 하는 맞장구 : 상대방의 소리를 귀로만 듣는 것이 아니라, 온 마음과 몸으로 들어야 하고, 소리만 듣는 것이 아니라 상대방의 기분까지도 듣는다는 표현으로 고개를 끄덕이거나, 눈으로 표현한다거나, 고개를 갸우뚱한다거나, 손으로 가리키는 등의 몸으로 하는 맞장구로 응대한다.

잘 듣고 있다는 것을 알리기 위해 지나치게 반복적으로 "네, 그러셨군요.", "아~ 그렇군요."라고 대답한다면 오히려 습관적으로 대답하고 있다고 여겨질 수 있으므로, 가끔은 고개를 끄덕이거나 눈빛으로 적절히 반응할 수 있다.

(6) 간결하게 질문하고 메모하며 듣는다.

간혹 알아듣기 불분명하게 의사표현을 하는 경우에는 머뭇거리지 말고 상대방의 요구를 재확인할 필요가 있다. 예를 들면 "지금 말씀하시는 내용은 ~것이지요?"라는 질문을 통해 상대방의 메시지를 정확하게 이해하도록 한다.

신입사원이 입사를 하게 되면 선임사원이 관련 업무를 인계해 주거나 배속된 부서에서 신입사원이 해야 할 직무에 대해 알려준다. 더러는 신입사원이 메모도 없이 선임사원이 알려주는 내용들을 듣고만 있는 경우를 목격한다. 분명

직무에 관련한 내용은 한 번 만에 이해하거나 숙지하기가 어려울 텐데 마냥 듣고 있는 자세는 좋지 않은 태도이다. 특히 정보가 복잡하거나 이름, 숫자 등의 세부 항목이 내용에 들어있다면 메모하며 듣는 것이 좋다. 일단 메모 후에는 이해한 사실을 확인해야 한다. 이는 업무상의 실수를 방지할 뿐만 아니라 상대방의 말에 귀를 기울여 전념하고 있다는 증거가 된다.

(7) 남녀의 차이를 인정하며 듣는다.

개개인의 차이를 인정하면서 좀 더 좁게는 남녀 차이를 인정하면서 상대방의 이야기를 들어야 한다. 대뇌 반구 사이와 대뇌 반구 내 연결성이 남녀 간에 차이가 있으며, 신경망 연결에도 큰 차이가 있다는 연구결과가 있다. 최근까지 나온 결론으로는 남성의 뇌는 지각Perception과 통합 행동의 연결에 더 뛰어나고, 여성의 뇌는 분석적이고 직관적인 처리에 더 능하다고 한다. 서로 소통하는데 기본이 되는 뇌구조 자체가 다른 남녀 사이에서는 전달하고자 하는 것과 상대방이 이해하는 것 사이에 어쩔 수 없는 차이가 있음을 인정하고 경청한다면 역시 많은 오해를 줄일 수 있을 것이다.

미국의 위대한 리더이자 연설가였던 루스벨트 대통령은 "훌륭한 커뮤니케이션을 하기 위한 비결로 '1·2·3법칙'을 실천하는 것"이라고 했다. 훌륭한 커뮤니케이션이란 한 번 말하고, 두 번 듣고, 세 번 공감하며 맞장구를 쳐주는 데서 이루어지는 것이라는 뜻이다. 즉 상대와의 커뮤니케이션 상황에서 말하기보다는 듣기를 잘하고 상대의 말을 북돋워 주는 맞장구는 상대로 하여금 당신이 경청하고 있다는 느낌을 갖게 한다. '1·2·3법칙'은 경청의 방법으로서 커뮤니케이션의 가장 중요한 요소를 함축해 놓은 것이라고 할 수 있다.

표 6 경청 방법과 습관

경청 방법	좋은 경청 습관	나쁜 경청 습관
흥미유발	상대의 말을 자신의 상황에 적용시키며 관심을 갖는다.	상대의 이야기가 지루해서 화제를 돌린다.
대화 내용의 판단	상대의 작은 실수에 연연하지 않고 전체적인 흐름을 중요시한다.	상대의 습관이나 권위, 외모 등으로 내용을 평가한다.
감정표현	상대방을 최대한 이해하며 필요한 경우 조심스럽게 질문한다.	논쟁을 하려 한다.
전체흐름 파악	이야기의 핵심을 파악하려 한다.	핵심을 파악하지 못하고 다른 것에 관심을 기울인다.
융통성	다양한 측면에서 상황을 판단하려 한다.	한 가지에만 집착하는 경향이 있다.
대화 집중력	상대에게 집중한다.	산만하게 움직인다.
마인드컨트롤	분량이 많거나 이해하기 힘든 내용이라도 관심을 보이려 노력한다.	분량이 많거나 이해하기 힘든 부분을 회피하려 한다.
열린 마음	감정적 현상에 쉽게 동요되지 않는다.	감정에 쉽게 동요된다.
의미전달	상대방이 전달하려는 내용과 주제를 파악하고자 한다.	대화 도중 딴 생각을 하며 많이 움직인다.

자료 : 강인호 · 김영규 · 홍경완 · 박미옥. 성공적인 비즈니스 커뮤니케이션, 새로미.

4. 마음을 움직이는 공감

공감이라는 말은 듣기만 해도 마음이 따듯해진다. 공감이라는 말을 들으면 단어 자체가 솔직담백하다는 생각이 든다. '함께' 혹은 '같게 하다'라는 뜻을 지닌 '공(共)'과 '느낌' 또는 '마음을 움직인다'라는 의미의 '감(感)'으로 구성되어 있다. 그 뒤에 숨은 무언가가 전혀 없는, 있는 그대로의 의미가 드러난 말이다. 공감하기는 상대방의 말을 그야말로 제대로 들을 수 있는 매우 효과적인 방법이다.

정신과학 교과서에 정의하는 공감은 '상대방이 생각하고 느끼는 것을 이해하는 것'이다. '생각한다'는 것은 그 생각의 주체인 사람의 인지(認知)를 말한다. '느낀다'는 것 역시 그 주체인 사람의 감정 상태를 의미한다. 좀 더 구체적으로,

상대방이 생각하는 것이 올바르다는 전제 하에 공감한다거나 상대방이 느끼는 것이 적절하다는 조건을 충족해야만 공감한다고 말하지 않는다. 그저 상대방을 '이해한다'고 말한다. 이것을 절대 놓치지 말아야 한다. 상대방과 동일시(同一視)해서는 안 된다는 것이다. '공감'과 '동감'은 같은 뜻이 아니다. 상대방의 처지가 되기는 하면서 상대방이 되지는 않아야 객관성을 유지할 수 있다. 그래야 상대방에게 필요한 도움을 줄 수 있다. 그러므로 객관성을 유지하는 것은 공감의 필수 요소이다. 제대로 된 공감을 하기 위해서는 무리하게 상대방을 책임지려 하기보다는 상대방의 말 가운데 들어 있는 '느낌과 욕구'에 초점을 맞추어야 한다. 자, 그럼 이제 공감적 커뮤니케이션을 연습해 보자.

먼저 기본 수준의 공감적 표현은 상대방의 말 속에 표현된 느낌, 감정 동기, 행동을 있는 그대로 잘 드러내 주는 말이다. 상대방이 전하는 메시지 내용을 잘 듣고 이를 잘 돌려주는 표현이다. 그러니까 명령, 지시, 설득, 당부, 충고, 조언, 해결책 제시 등을 일체 할 필요가 없다는 점을 명심해야 한다.

- "과장님께 그런 실수를 하는 게 아닌데, 이거 창피해서 어떻게 하지?"
  - "잘난 척하고 까불더니 내 그럴 줄 알았지."
  - "과장한테 가서 미안하다고 사과하고 빌어."
  - "상사에게 뜻하지 않은 실수를 해서 몹시 당황스러운 모양이야. 부끄럽기도 하고."
- "요즘 신입사원들은 왜 그렇게 잘났지? 컴퓨터 좀 잘한다고 선배는 아예 안중에도 없는 것 같아."
  - "그래, 맞아. 머리에 피도 안 마른 것들이 시건방지고 말이야."
  - "요즘 젊은 사람들은 사고방식이 우리와 달라서 그런 것 같아. 우리가 참아야지 뭐."
  - "후배들에게 무시당하는 것 같아, 한편으로는 화도 나고 한편으로 질시하는 마음도 생기고 그런가 보네."

- "어젯밤에 너무 과음을 해서 너무 괴로워."
  - "그만 일어나. 좀 움직이면 신진대사도 활발해지고 곧 괜찮아질 거야."
  - "나도 술병 많이 겪어봐서 잘 알지."
  - "많이 괴롭겠구나."
- "어제 애인이랑 다투다가 무심코 헤어지자고 말했어."
  - "너무 걱정할 것 없어. 세상에 남자 / 여자가 그 애 하나냐?"
  - "후회하기 전에 좀 신중히 말하지 그랬어."
  - "정말 사랑하는 사람 만난 것 같던데, 관계가 틀어질까봐 걱정이 많겠구나."

심화 수준의 공감적 표현도 연습해 보자. 심화 수준의 공감적 표현은 상대방의 말 속에 감춰져 있는 소망과 바람, 성장 동기 등을 들추어내는 말이다. 즉 말로 표현되지는 않았지만 상대방이 간절히 원하는 바를 짚어주는 것이다. 말을 하기 전 원래의 마음자리에 있었을 법한 내용을 드러내주는 것이다. 대개 심화 수준의 공감은 긍정적인 말이나 말투로 표현된다.

- "왜 항상 제가 김대리보다 일을 더 많이 해야 합니까?"
  - "늘 김대리보다 일을 더 많이 하는 것 같아 기분 나쁜 모양이군."
  - "일을 불공평하게 배당받아서 속이 상하는 모양이지?"
  - "일을 공평하게 배당받으면 더 만족스럽게 일할 수 있다는 말이지?"
- "과장님, 다시 한 번 설명해 주세요. 지시하신 내용이 잘 이해가 안 됩니다."
  - "설명할 때는 뭘 듣고 있다가 이제 와서 다시 설명해 달라는 거야?"
  - "쉽게 알아듣도록 내가 제대로 설명하지 못했나 보지?"
  - "설명한 내용을 제대로 파악해서 일처리를 멋지게 해내고 싶다는 거군."
- "며칠 전 일처리 때문에 박대리와 다퉜는데요, 이젠 저하고 말도 안하려고 합니다. 그냥 예전처럼 지내고 싶은데요."
  - "박대리와 다퉈서 속이 편치 않은 모양이군."

- "가서 먼저 사과하고, 다시 사이좋게 지내는 게 어떨까?"
- "박대리와 화해하고 다시 예전처럼 사이좋게 지내고 싶은 마음이 간절하군."

- "부장님, 저희가 다 알아서 할 테니까, 제발 이래라 저래라 하지 마세요."
  - "자네들이 알아서 잘하면, 왜 내가 이렇게 나서겠나?"
  - "내가 나서서 참견하고 잔소리하는 게 무척 부담스럽고 짜증나는가 보지?"
  - "자네들이 일을 맡기면 깔끔하게 잘 해낼 수 있다는 말이로군."
- "부장님이 또 한 번만 더 프로젝트 마감기한 못 맞추면 인사고가 낮게 주신대. 나 찍혔나봐."
  - "이제부터 안 늦으면 되겠는데? 걱정할 거 없어.
  - "그러게, 왜 매번 늦게 냈어. 조금만 더 신경 썼으면 이럴 일은 없었을 텐데.
  - "중요한 프로젝트였나 보네. 인사고가가 잘 나오지 않을까 걱정이 많겠어.

공감적 커뮤니케이션을 연습해 보았다. 처음엔 어색하겠지만, 자꾸 하다보면 어느새 익숙해질 것이다. 자신의 어법에 맞춰 자연스러움을 더해 간다면 아주 좋은 일이다. 아마도 차츰 일상생활에서 만나는 모든 사람들과 부드럽고 우호적인 분위기가 넘치는 커뮤니케이션을 하게 될 것이다.

5. 경청의 효과

- 경계심이 감소된다.
- 좋은 인간관계가 형성된다.
- 상대방이 좋아한다.
- 상대방의 욕구를 파악할 수 있다.
- 좋은 정보를 얻어 낼 수 있다.

- 설득의 포인트를 잡아 낼 수 있다.
- 상대방을 효과적으로 설득할 수 있다.(판매를 할 수 있다.)
- 상대방의 뜻에 부합하는 일을 할 수 있다.
- 판단의 재료가 축적된다.
- 보다 능숙하게 말을 잘할 수 있다.

상대의 말을 듣는 것이 상대에게 대화의 주도권을 빼앗긴다고 오해하는 사람들이 있다. 하지만 경청을 하면 자신의 주위에 존재하는 사람들의 경험과 아이디어, 재치, 지혜를 접할 수 있다. 아무리 실력이 뛰어난 사람이라도 그 능력은 열 사람의 경험과 지혜에는 대적할 수가 없다. 경청이 잘 이루어지는 커뮤니케이션에서는 듣는 사람의 가치 판단이 적게 개입되기 때문에 편안함을 느낀다.

경청을 통해 상대가 편안함을 느끼면 더 쉽게 많은 말을 하고 자신을 드러낸다. '경청의 힘'을 갈고 닦으면 사람과 마음을 터놓고, 사람의 지친 마음을 달래고 의욕을 이끌어내며, 자신이 무엇을 해야 하는가를 깨달을 수 있다. '경청의 힘'을 기르면 많은 사람들의 힘을 빌려 위기를 극복하고 기회를 확대하는 아이디어를 얻을 수 있다. 그뿐만이 아니다. 때로는 이야기를 듣기만 해도 상대방을 설득할 수 있다. 상대의 의견을 존중하면 상대는 스스로를 가치 있게 여기고 자신과 같은 의견을 가진 여러분 역시 높게 평가할 것이다. 상대를 높여주는 만큼 여러분도 높아진다. '경청'은 우리가 생각하는 것 이상으로 큰 가치가 있음을 인식하자.

"말하지 않아도 알아요."라는 말을 들어본 적이 있을 것이다. 우리는 신이 아니라 사람이기 때문에, 상대방이 표현하지 않으면 상대방의 마음을 알기 어렵다. 적극적으로 경청하여 상대방의 말에 동의하는 모습을 보여주면, 상대방은 마음을 열고 자신의 이야기를 나눌 것이다. 경청은 상호 관계에서 매우 중요한 기술이므로 꼭 활용하길 바란다.

스스로 정리하기

제5장 잘 듣기의 기술 · 경청을 배우고 난 후 수업 내용을 한 문장의 자신만의 언어로 표현해 보고, 수업을 통해서 배운 점과 하고 싶었던 질문을 스스로 정리해 봅시다.

✓ 오늘 수업 내용을 한 문장으로 표현한다면 어떻게 할 수 있을까요?

✓ 오늘 수업을 통해서 배운 내용과 하고 싶었던 질문은?

스스로 실천하기

제5장 효과적인 경청 기술을 활용하여 나의 경청 자세 중 바꾸고 싶은 혹은 앞으로 내가 실천하고 싶은 경청 스킬 두 가지 이상을 작성하고, 앞으로 어떻게 실천할 것인지 스스로 정리해 봅시다.

생각해 봅시다

소크라테스의 수업료

한 젊은이가 대중연설과 웅변술을 배우기 위해 소크라테스를 찾아갔다. 그 젊은이는 이 위대한 철학자에게 자신을 소개한 뒤, 평소 자신이 생각하던 대중연설에 대한 생각을 장황하게 펼쳐놓았다.
소크라테스는 오랜 시간 동안 그 젊은이의 이야기를 묵묵히 들어주었다. 마침내 젊은이의 말이 끝났을 때 소크라테스는 이렇게 말했다.
"여보게 젊은이. 자네는 내게 수업료를 두 배는 지불해야만 하네."
그러자 젊은이는 놀라서 물었다.
"어째서 저만 수업료를 두 배를 지불해야 한다는 겁니까?"
"왜냐하면 말일세, 자네를 훌륭한 사람으로 만들려면 자네에게 두 가지 원리를 가르쳐야 하기 때문이네. 자네는 첫째, 귀를 활용하는 방법을 배워야 하네. 그러고 나서 혀를 올바르게 사용하는 법을 배워야 하기 때문이네."
그제서야 젊은이는 자신이 너무 오랜 시간 동안 말을 함으로써 위대한 철학자 소크라테스의 지혜로운 말을 제대로 듣지 못한 것을 깨달았다.

–「말로 성공하기를 원하십니까?」 중에서

CHAPTER 06

매체 커뮤니케이션 스킬

학습목표
- 전화 커뮤니케이션의 특성과 기본원칙에 대해서 설명할 수 있다.
- 상황별 전화 커뮤니케이션을 적용할 수 있다.
- 문자 메시지, 이메일 커뮤니케이션의 주의사항을 설명할 수 있다.

미디어학자인 마샬 맥루한은 미디어의 발전 과정을 지켜보며 "매체가 곧 메시지다The medium is the message."라는 말을 했다. 이는 같은 내용이라도 어떤 매체에 담느냐에 따라 전달하는 내용이나 형태가 달라진다는 의미이다. 우리가 자주 사용하는 매체들도 그 특성을 고려하여 효과적으로 이용하면 소통이 몇 배는 더 원활해질 수 있다.

1. 전화 커뮤니케이션

전화는 정보화 시대의 중요한 커뮤니케이션 매체이다. 직장 내부의 직원들뿐만 아니라 직장 외부의 고객사와 커뮤니케이션을 하고 매일의 일상 업무를 수행하기 위해서 전화를 주로 사용한다. 그러므로 전화 커뮤니케이션 능력을 향상시키는 것 또한 업무능력 향상과 직결된다.

전화 커뮤니케이션은 회사의 이미지 결정의 중요한 요소로서 하나의 회사이자 대표자 얼굴이며, 회사의 고객사와 얼굴 없는 만남으로 회사 접점의 최 일선에 서게 된다. 고객사 직원을 한 번도 본 적이 없어도 성의 있고 친절한 전화 커뮤니케이션만으로 회사의 이미지와 더불어 나의 이미지, 그리고 신뢰도가 높아지게 된다.

전화나 휴대전화는 일단 청각에 의존하는 매체임을 기억해야 한다. 즉 실제 통화 내용은 좋은 의도를 담고 있을지라도, 그 메시지를 담은 목소리나 말투가 좋지 않다면 메시지는 의도대로 전달되지 않는다.

면대면 대화에서는 당장 눈에 보이는 표정이나 눈빛 등이 있기에, 다소 목소리가 좋지 않더라도 메시지의 의미를 종합적으로 판단할 수 있다. 하지만 청각에만 의존하는 전화나 휴대전화 통화에서는 오로지 귀에 들리는 것으로 판단하고 결정되기가 싶다. 알버트 메라비언은 "얼굴을 보지 않고 하는 전화 응대 시 청각적인 요소가 82%를 차지하고, 나머지 18%가 사용하는 단어에 의해서 결정된다."고 하였다. 나도 모르게 내쉰 한숨이 통화 상대에게는 억장이 무너지는 소리가 될 수도 있다. 그러므로 통화를 할 때에는 목소리나 말투에 배로 신경을 써야 하며, 좀 더 명료하게 발음할 필요가 있다.

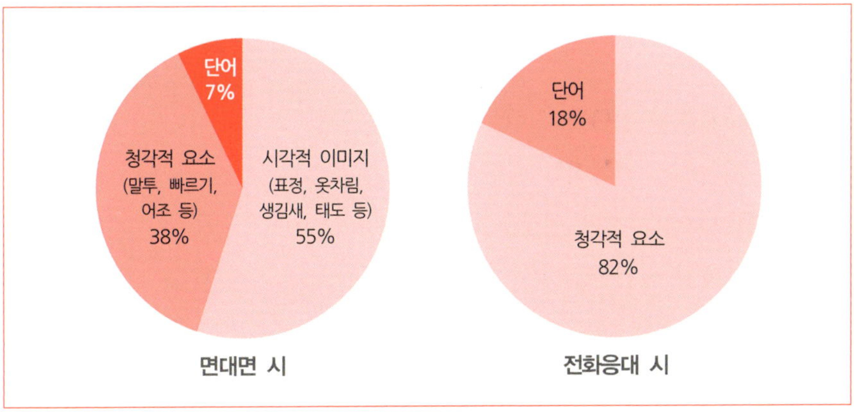

자료 : 노영희 외. 국가공인 SMT Master, 한국학력평가원.

그림 7 전화응대의 구성요소

먼저 전화 커뮤니케이션이 어려운 이유를 알아보자.

(1) 전화 커뮤니케이션의 특성

다음과 같은 전화 커뮤니케이션의 특성을 살펴보면, 면대면 커뮤니케이션만큼이나 어려운 커뮤니케이션이 바로 전화 커뮤니케이션이다.

① 보이지 않는 만남

- 의사전달에 어려움이 있다.
- 감정의 전달이 어렵다.
- 그래서 문제발생 시 대처가 어렵다.

② 짧고 많은 만남

- 전문성 부족 시 비효율성이 초래된다.
- 기업의 서비스 이미지를 좌우하여 불친절한 응대를 할 경우, 모든 고객을 잃을 수 있다.

③ 사전 · 사후적 만남

- 다른 서비스에 연쇄적인 영향을 미친다.
- 직원들이 소홀해지기 쉽다.
- 문제의 발생 원인을 찾기가 어렵다.

(2) 전화 커뮤니케이션의 기본 원칙

전화 커뮤니케이션에는 다음과 같은 기본 원칙을 지켜야 한다.

① 전문성

- 전문성 있고 정확한 업무 내용은 전화 커뮤니케이션을 완성시킨다.

- 상대방이 전화를 하는 이유는 궁극적으로 자신이 궁금한 것을 알아보기 위함이므로, 업무에 대해 정확히 알고 응대해야 한다.

② 신속성

- 전화를 빨리 받는 것부터 전화 커뮤니케이션의 시작이다.
- 전화벨이 3번 울리기 전에 받는 것이 좋다.
- 부득이하게 시간이 지체된 경우, 상대의 입장까지 배려해야 한다.

③ 친절성

- 친절성은 상대방이 가장 기대하는 사항이다.
- 음성에만 의존하기 때문에 목소리에 상냥함이 배어있어야 한다.
- 음성뿐 아니라 고객의 욕구충족을 위해 애쓰는 태도로 전달되어야 한다.

(3) 상황별 전화 커뮤니케이션 방법

전화 응대의 3 : 3 : 3 기법은 전화벨은 3번 울리기 전에, 용무는 간단하게 3분 안에, 수화기는 고객이 먼저 끊고 3초 후에 내려놓는 응대 기법이다. 이 3 : 3 : 3 기법을 기본으로 하여 전화 커뮤니케이션을 하면 된다. 조금 더 자세히 상황별 전화 커뮤니케이션의 방법을 알아보자.

① 전화를 걸 때 커뮤니케이션

- 용건을 육하원칙으로 정리하여 메모한다.
- 전화번호를 확인한 후 다이얼을 누른다.
- 상대방이 받으면 자신을 밝힌 후 상대방을 확인한다.
  - "안녕하십니까, ○○팀 ○○입니다. 혹시 ○○팀 ○○○ 대리님 자리에 계십니까?"
- 간단한 인사말을 한 후 시간, 장소, 상황을 고려하여 용건을 말한다.

- "혹시 지금 통화 가능하십니까?" 혹은 "통화가 좀 길어질 것 같습니다. 혹시 지금 시간이 괜찮으시겠습니까?"
- "15일 회의 준비사항 하려고 전화 드렸습니다. 회의 때 추가적으로 준비해야 할 사항 있나요?"

ㅇ 용건이 끝났음을 확인한 후 마무리 인사를 한다.

- "그럼 제가 다시 확인하고 전화 드리겠습니다, 고맙습니다."

ㅇ 상대방이 수화기를 내려놓은 다음, 수화기를 조심스럽게 내려놓는다.

② 전화를 받을 때의 커뮤니케이션

ㅇ 벨이 두 번째 울릴 때 수화기를 든다.

ㅇ 자기 소속과 이름을 밝힌다.

- "안녕하시니까? ○○팀 ○○○입니다."
- 벨이 3번 이상 울렸을 경우에는 "늦게 받아 죄송합니다."라고 신속하게 응대한 후 "빨리 처리해 드리겠습니다."라는 의미가 담은 말을 함으로써 상대방이 기다린 시간에 대해 보상을 해주도록 한다.

ㅇ 상대방을 확인한 후 인사한다.

- "네, 어떤 일로 전화 주셨습니까? 네, 그러셨어요."

ㅇ 메모 준비를 하고 용건을 경청한다.

ㅇ 용건이 끝났음을 확인한 후 통화 내용을 요약한다.

- "○월 ○일 오전 ○시까지 보내드리겠습니다."라고 용건을 확인하고 요약해야 한다.

ㅇ 마무리 인사 후 상대방이 수화기를 내려놓은 다음, 조용히 수화기를 내려놓는다.

- "다음 회의 때 뵙겠습니다."
- "즐거운 오후시간 되세요."

③ 전화를 연결할 때 커뮤니케이션

전화를 연결하거나 연결 받을 때 또는 통화 중이라 연결이 어려울 때 상황에 맞게 신속하게 처리한다.

- 전화를 연결할 때 해당 부서를 안내하고 연결한다.
  - "잠깐만요."가 아니라 "네, 담당자는 ○○팀 ○○○입니다. 연결해 드리겠습니다."
- 연결된 전화를 받을 때는 전달받은 용건으로 첫 응대를 시작한다.
  - "네, ○○팀 ○○○입니다. 회의 보고서 작성 건으로 전화 주셨다구요."
  - "전화 바꿨습니다, 말씀하세요."는 피해야 한다.
- 연결할 상대의 통화가 길어지는 경우라면, 메모를 전달할지 기다릴지 문의한다. 업무 특성상 통화가 많은 경우 전화 연결이 어려워 기다린 후 통화하기를 원하는 경우도 있다.
  - "지금 통화중인데, 전화가 길어질 것 같습니다. 메모 전해드릴까요? 혹은 기다리시겠습니까?"

만약 전화 통화 중일 때 다른 전화가 온 경우, 전화를 건 사람이 상사인 경우라면 가급적 본인이 전화를 거는 것이 좋다.

④ 찾는 사람이 부재중일 때 커뮤니케이션

찾는 사람이 부재중일 때 전화가 걸려온 경우, 전화를 준 사람의 메시지를 잘 전달해야 한다. "나중에 다시 전화하세요."라는 표현은 삼가야 한다.

- 상대방에게 메모를 전달할 것인지를 물어본다.
  - "잠깐 자리를 비우셨습니다. 혹시 전하실 말씀 있으십니까?"
  - "제가 꼭 전해드리겠습니다."

상대방이 메모를 남겨달라고 할 때는, 다음 전화 메모 양식을 참고해서 빠짐없이 작성하여 전달해야 한다.

- 전화 받을 사람의 부서와 이름
- 전화를 받은 날짜와 시간
- 전화 건 사람의 회사 부서의 직급, 이름, 연락처
- 전달할 내용은 육하원칙으로 정확히 메모
- 차후 연락할 방법
  - 상대방이 다시 걸 예정인지, 담당자가 걸어주어야 할 것인지의 여부
- 전화 받은 사람의 소속과 이름

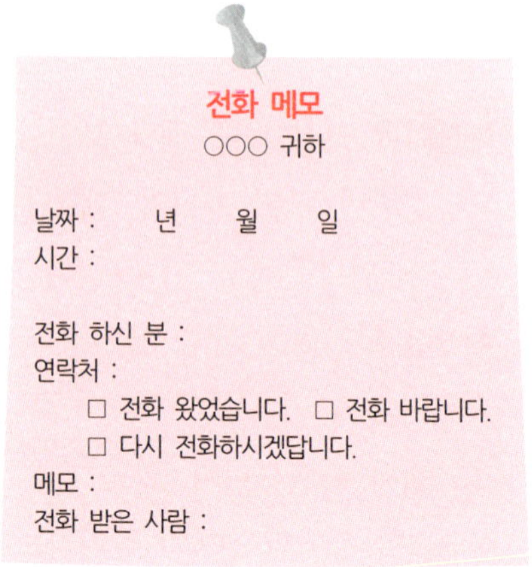

⑤ 상대방의 말을 잘 알아들을 수 없을 때의 커뮤니케이션

상대방은 내 이야기를 잘 듣고 있는 경우가 있기 때문에, 큰소리로 "뭐라구요?", "잘 안 들리는데요."라고 응대하지 않는다.

- 양해의 표현을 하고 상황에 맞게 대처해야 한다.
  - "네, 죄송합니다만, 전화 감이 좀 먼 것 같습니다. 조금 더 크게 말씀해 주시겠습니까?"
  - "전화 상태가 좋지 않습니다. 다시 한 번 걸어주시겠습니까?"

⑥ 잘못 걸려온 전화일 때의 커뮤니케이션

잘못 걸려온 전화이지만, 성의 있게 응대하도록 하는 것이 중요한다.

ㅇ 상대방에게 정확한 정보를 제공한다.

- "죄송하지만, 여기는 ○○팀입니다. 전화 잘못 거신 것 같습니다."

⑦ 기타 상황

ㅇ 상담 중 전화벨이 계속 울릴 때, 다른 직원과 상담 중이거나 대화 중일 때에 전화가 오게 되면 적당한 시점에서 전화를 받는다. 전화벨 소리가 너무 길어지면 오히려 상대방이 더 신경을 쓰게 된다.

- 전화를 받기 전과 받은 후에 양해의 표현을 한다.
- 상담 중인 직원에게 "실례합니다."라고 말하고, 통화 후 직원에게 "실례했습니다."라고 한다.
- 급한 내용이 아니면 "죄송합니다. 지금 회의 중이라 잠시 후 회의 끝나고 전화 드리겠습니다."라고 양해를 구하는 것이 좋다.

ㅇ 전화가 도중에 끊길 때 전화를 건 쪽에서 다시 걸 때까지 잠시 기다린다. 잠시 기다려도 전화가 오지 않을 경우 상대측에게 전화를 건다.

- 먼저 사과를 하고 계속 이어간다.
- "죄송합니다만, 전화가 끊어졌습니다. 좀 전에…"

ㅇ 갑자기 기침이나 재채기가 나올 때 송화기를 막고 상대방이 들리지 않도록 하고, 만약 들렸을 경우 사과하고 계속 통화한다.

ㅇ 통화 중에 고객사 직원이 왔을 때 통화 중인 직원에게 양해를 구하고, 송화기를 막으며 고객사 직원을 맞이한다. 고객사 직원의 용건이 급하지 않으면 기다리도록 양해를 구하고 통화를 빨리 끝내도록 한다.

ㅇ 통화할 때 피해야 할 사항

- 옆 사람과 이야기하면서 하는 통화
- 음식물을 먹으면서 하는 통화
- 수화기를 턱과 어깨 사이에 걸치고 하는 통화
- 다른 작업을 하면서 하는 통화

친한 친구와 통화하면서 "너 지금 자다가 일어났지?", "너 지금 누워있지?"라는 이야기를 한 적이 있거나 들어본 적이 있을 것이다. 음성 통화이지만 상대방의 목소리를 통해서 어떠한 자세와 어떠한 태도로 전화를 받고 있는지 우리는 느낀다. 그러므로 다음과 같은 자세들도 마찬가지이다. 음성 통화이지만, 상대방이 전화상으로도 충분히 느낄 수 있으므로 피해야 한다.

표 7 바람직한 전화 커뮤니케이션

상 황	잘못된 표현	바람직한 표현
문의할 때	네, 말씀하세요.	네, 무엇을(어떻게) 도와드릴까요?
상대방이 먼저 감사인사를 할 때	무응답 네	네, 감사합니다.
문의한 내용을 잘 모를 때	제가 담당이 아니라서요.	제가 확인해 보겠습니다. 잠시만 기다려 주시겠습니까?
상대방을 기다리게 할 때	잠깐만요. 잠시만요.	잠시만 기다려 주시겠습니까?
상대방의 이름을 물어야할 때	성함은요? 어디세요?	실례지만, 성함이 어떻게 되십니까?
용건을 전할 때	어디시라고 할까요?	전하실 말씀은 있으십니까? 메모 전해 드리겠습니다. 말씀 전해 드리겠습니다.
상대방의 말이 잘 전달되지 않을 때	네? 여보세요? 뭐라고요?	죄송합니다. 다시 한 번 말씀해 주시겠습니까?

자료 : 차현수 · 황혜미. SMAT, 영진닷컴의 내용을 재구성.

2. 문자 커뮤니케이션

휴대전화 문자 메시지는 구체적이면서 함축적이어야 한다. 구구절절 긴 메시지나 읽고, 바로 이해가 되지 않는 다의적이고 애매한 표현은 문자 메시지에 적합하지가 않다. 특히 문자 메시지에 익숙하지 않은 비즈니스 상대에게 문자를 보내면서 구구절절 3,4개 연달아 보내면 그 효과는 마이너스가 될 수 있다.

그러므로 반복적인 말은 피하고 상대가 쉽게 이해할 수 있게 적절히 축약하여 짧고 간결한 문장으로 보내며, 지극히 주관적이거나 애매한 표현은 상대가 이해할 수 있는 수치와 객관적인 표현으로 바꾸는 것이 좋다. 특히 휴대전화 문자 메시지는 답을 신속히 보내는 것이 중요하다.

문자 메시지를 받고 '답 문자는 이따 보내야지'라고 생각하는 것은 휴대용 미디어의 특성을 적절히 고려하지 않은 행위이다. 물론 그렇다고 문자를 생각 없이 대충 보내라는 말은 아니다. 문자를 보낸 상대를 너무 많이 기다리게 하면 상대가 섭섭할 수 있기 때문에 주의하라는 것이다. 그런 의미에서 상대가 생각을 많이 해야 하거나 답변의 내용이 중요한 경우는, 직접 통화를 하거나 오해의 소지가 적은 이메일을 이용하는 것이 효과적이다.

3. 이메일 커뮤니케이션

이메일은 휴대전화의 문자 메시지보다 좀 더 자세한 설명을 덧붙일 수 있고, 시간적인 여유도 문자 메시지보다 많다. 하지만 이메일도 상대가 신속한 답변을 요하는 경우에는 시간을 끌어서는 안 된다.

- 이메일 커뮤니케이션도 나의 이미지를 대표하므로 메시지를 보내기 전 반드시 문장의 구조, 철자, 단어 사용법 등을 점검하고 내용을 확인한다.
- 글의 제목이 내용과 일치하도록 하고, 간결하고 명확한 용어와 문장을 사용하며 핵심적인 내용으로 용건은 간단히 한다. 상대방을 혼란하게 하거나 당황하게 하는 약어, 전문용어 등은 피하는 것이 좋다.
- 문자를 이용한 얼굴 표정인 이모티콘을 사용하는 것은 사업 문서에는 적절하지 않다.
- 기업의 이메일을 개인의 용도로 사용하지 않도록 하고, 이메일로 개인정보

등을 보내지 않도록 한다.

- 상사의 지시나 회사 방침에 따라 함께 참조해야 할 사람을 넣어야 하는 경우를 제외하고는 가급적 함께 받는 사람을 사용하지 않는다.
- 광고물이나 홍보물, 유머 및 정보성 메일은 상대방이 요청하는 경우가 아니라면 보내지 않도록 한다.

발송 시 발신자를 명확히 표시하고 수신자의 이메일 주소가 정확한지 확인하며, 수신자 이메일 주소는 제일 마지막에 기입한다. 주소를 입력하기 전에는 전송되지 않으므로 메일을 실수로 잘못 보내지 않기 위한 안전대책이 된다. 또한 수신한 이메일은 가능한 한 즉시 답장을 하고, 즉시 응하지 못할 경우에는 적어도 24시간 이내에는 답장을 하도록 해야 한다.

4. 종이 메모 커뮤니케이션

마지막으로, 쪽지나 포스트잇을 사용하여 메모를 남기는 경우에는 휴대전화 문자 메시지보다 더욱 간결하게 작성하되, 글씨의 모양이나 크기에도 신경을 써야 한다. 통화를 할 때 목소리나 말투 등이 중요한 것처럼 메모를 남길 때는 글씨가 중요하다. 아무리 좋은 내용이라도 휘갈겨 쓴 메모를 받는다면 기분이 좋지만은 않기 때문이다.

그러므로 글씨를 되도록 또박또박 정성껏 써야 하며, 메모지의 크기를 고려하여 적절한 크기로 글씨를 쓰는 것도 중요하다. 종이는 큰데 글씨는 깨알 같이 작게 쓴다거나, 종이는 작은데 글씨는 너무 크게 쓰면 성의 없이 썼다는 느낌을 주는 등 불필요한 오해를 부를 수 있다.

이러한 측면에서 자신이 지금 사용하고 있는 매체의 특성을 한 번 더 신중히 고려하여 매체의 장점을 활용하길 바란다. 전화, 이메일, 문자 메시지, 메신저 등은 의사소통에 있어 편리한 도구이다. 그 편리함이 어느 순간이나 우리의 의사소통을 효율적으로 만들어주지는 않는다는 점을 다시 한 번 강조한다. 부담이 적고 편리한 만큼 본래의 의미가 왜곡되고 진심이 오해될 소지가 많다는 사실을 기억하며, 더욱 신중하게 매체 커뮤니케이션을 활용하길 바란다.

스스로 정리하기

제6장 매체 커뮤니케이션을 배우고 난 후 수업 내용을 한 문장의 자신만의 언어로 표현해 보고, 수업을 통해서 배운 점과 하고 싶었던 질문을 스스로 정리해 봅시다.

✓ 오늘 수업 내용을 한 문장으로 표현한다면 어떻게 할 수 있을까요?

✓ 오늘 수업을 통해서 배운 내용과 하고 싶었던 질문은?

스스로 실천하기

제6장 매체 커뮤니케이션 스킬을 활용하여, 나의 매체 커뮤니케이션 습관 중 바꾸고 싶은 혹은 앞으로 내가 실천하고 싶은 스킬 3가지 이상을 작성하고, 앞으로 어떻게 실천할 것인지 스스로 정리해 봅시다.

생각해 봅시다

전화응대 체크리스트

- ☐ 전화기 근처에 메모용지와 펜이 준비되어 있는가?
- ☐ 전화걸기 전에 필요한 용건은 메모해 두었는가?
- ☐ 날짜를 이야기할 때 요일까지 정확하게 전달하고 있는가?
- ☐ 벨이 울리면 3회 이내에 받고 있는가?
- ☐ 늦게 받았을 때 적당한 인사를 하는가?
- ☐ 전화를 받을 때 인사말, 회사, 부서, 이름을 말하는가?
- ☐ 전화를 걸고 받을 때 자세와 표정에 신경을 쓰고 있는가?
- ☐ 말의 속도를 조절하는가?
- ☐ 목소리의 톤이 너무 낮거나 높지 않은가?
- ☐ 분명히 말하는가?
- ☐ 미소를 지으며 말하는가?
- ☐ 적극적으로 상대방의 말을 듣는가?
- ☐ 중요한 용건은 복창하는 습관이 있는가?
- ☐ 메모를 하면서 응대하고 있는가?

–「고객서비스 입문」 중에서

CHAPTER 07

매력적인 화법

학습목표
- 매력적인 화법의 중요성을 설명할 수 있다.
- 매력적인 화법 6가지 실천 방안을 계획할 수 있다.
- 매력적이지 못한 화법 7가지를 주의하여 커뮤니케이션에 적용할 수 있다.

지금 우리는 한 분야만으로는 경쟁력을 가질 수 없는 지식융합 사회를 살아가고 있다. 여러 분야의 전문가들이 각자의 전문 분야를 공유하는 것은 물론, 타 분야 전문가들과도 지식을 공유하고 통섭해서 기발하고 창의적인 사업으로 발전시킨다. 온라인과 오프라인을 동시에 가동시켜, 어떤 천재적인 사람과 탁월한 아이디어로도 혼자라면 도저히 만들어낼 수 없는 창의적이고 폭발적인 규모의 경제를 만들어 내는 시대라 할 수 있다. 처음 만난 사람 간에도 곧바로 의기투합하여 새로운 사업을 시작하거나 투자를 결정하기도 한다. 첫 대면에서도 의견만 맞으면 친한 친구 사이보다 많은 아이디어와 의견이 오갈 수 있고, 대형 프로젝트의 파트너가 될 수도 있는 것이다.

이 시대에는 언제, 어디서나 남의 눈을 잡아끌어 커뮤니케이션 하고 싶게 만드는 사람들이 그런 일을 선도하는 세상의 주인공이 될 수도 있다. 사람들은 그런 사람들에게 '매력 있다' 혹은 '매혹적이다'라고 평가한다. 매력적인 커뮤니케이션을 하는 사람들은 딱히 빼어난 외모를 가졌거나 잘 알려진 유명 인사가 아닌데도 주변에 항상 사람들이 몰려든다. 그런 사람이 곁에 있으면 그 사람의 말대로 행동하는 사람들도 많다.

매력적인 화법을 하는 사람은 모임에서도 다른 사람의 머리에 유독 깊은 인상을 남긴다. 그 사람과 오가며 잠깐 스쳤을 뿐인데도 그의 팔을 붙잡고 찻집으로 가서 마주 앉아 담소를 나누고 싶게 만든다. 매력적인 화법을 하는 사람들이 어려운 부탁을 하면, 내 몸을 돌보지 않고 들어주고 싶어지기도 한다.

1. 나는 얼마나 매력적인 화법의 사람인가?

대체로 매력적인 사람을 만나면 그 사람을 중심으로 하여 그의 주변이 환해지는 느낌을 받는다고 한다. 낯설고 서먹하던 사람들 사이에도 활기가 돈다.

그렇다면 어떤 사람이 매력적일까? 우선 매력적인 사람은 처음 본 사람에게도 스스럼없이 다가가 말을 붙이고 마치 오랜 친구처럼 편안하고 일상적인 대화를 이끌어낼 줄 안다. 남들이 꺼리는 일도 먼저 나서서 척척 해결하고, 남들이 슬슬 뒤로 빠지며 책임을 회피하더라도 탓하지 않는다. 착한 것과는 별개이다. 짜증이나 불평불만으로 주변의 분위기를 어둡게 만들지 않고 늘 밝은 얼굴로 좋은 에너지를 발산하는 사람들이다.

사실 매력적인 것과 외모 사이에는 깊은 관계가 없다. 첫눈에 혹하는 외모를 가진 사람이 실망스런 커뮤니케이션을 하면, 신뢰할 수 없게 되고 더 큰 실망을 하게 되어 그 사람이 가진 매력이 신기루처럼 사라져 버린다. 오히려 평범한 외모를 가진 사람이 부서 내에서 솔선수범하여 일하고, 원활한 의사소통으로 당황하지 않고 척척 해결하는 등의 모습을 보여줄 때 훨씬 매력적인 사람이라고 생각한다.

그럼 우리가 얼마나 매력이 있는지 점수를 주고 강점과 약점을 파악해 보자. 이것은 매력적인 화법을 익히기 위한 첫 번째 단계이다.

다음 질문을 살펴보고 자신은 어떤 경우인지 체크해 보자.

실습 매력적인 화법의 진단

각 항목을 읽어보고 점수란에 '매우 그렇다 10점, 그런 편이다 8점, 가끔 그렇다 6점, 그런 적이 별로 없다 4점, 전혀 그렇지 않다 2점'을 주면 된다.

항 목	점 수
1. 처음 본 사람이 당신에게 자연스럽게 다가와 말을 거는가?	
2. 당신이 영화, 소설, 시사 등에 관한 잡다한 수다를 떨면, 주변 사람들이 궁금해 하며 몰려드는가?	
3. 당신의 말이나 행동, 생각이 사람들에게 잘 받아들여지는가?	
4. 당신은 직장, 친목 모임, 가정에서 재미있는 논쟁거리를 만들고 대화를 활성화시키는 편인가?	
5. 당신의 사고방식이나 라이프스타일이 트렌드 리더에 가깝다고 생각하는가?	
6. 당신은 다른 사람들을 깜짝 놀라게 하는 반전 매력을 보여준 적이 있는가?	
7. 당신이 말하면 팥으로 메주를 쑨다고 해도 주위 사람들이 믿어주는 편인가?	
8. 당신은 새로운 기술이나 유행을 남들보다 먼저 받아들이는 것을 좋아하는가?	
9. 당신은 스스로를 자랑스럽게 생각하는가?	
10. 당신은 처음 본 사람에게 오랜 친구처럼 스스럼없이 다가가서 말을 거는 편인가?	
합 계	

자료 : 이정숙. 이제는 매혹적인 대화법이 이긴다, 나무생각.

〈진단결과〉

- 80점 이상 : 당신은 매우 매력적입니다.
- 60점에서 80점 사이 : 당신은 매력적인 편입니다.
- 40점에서 60점 사이 : 당신은 보통입니다. 자신감을 가지세요.
- 40점 미만 : 당신의 커뮤니케이션은 매력적인 화법이 필요합니다. 분발하세요.

합계 점수가 80점 이상인 사람은 매우 매혹적인 화법을 하는 사람이다. 이런 사람은 주변에 사람이 많다. 설득이나 회유에도 잘 휘둘리지 않고 웬만하면 의견 피력에 성공할 것이다. 이러한 사람은 성격이 좋아 세상이 살 만한 곳이라고 느낄 때가 많을 것이다. 그러나 가끔 자신감이 지나쳐 너무 독단적으로 변하거나 자기를 내세우면 여러분들이 가진 매력이 줄어들고 매혹의 힘이 반감될 수 있다. 그러나 타인이 믿을 만한 사람, 나를 너무 내세우지 않는 사람으로 생각할 만큼의 자신감만 내보이면 누구나 내편으로 만들 수 있는 매력적인 화법의 자질을 많이 가지고 있어 인생을 풍요롭게 살 수 있다.

60점에서 80점 사이의 점수를 받은 사람은 상당히 매력적인 화법을 사용하는 사람이지만 가끔은 외로움을 느낄 수 있다. 자신을 충분히 있는 그대로 사랑하지 못하는 사람이라고 할 수 있다. 상대방에게 먼저 말을 걸고 새로운 트렌드에 앞장서서 받아들이려고 의도적으로 노력한다면, 오래되지 않아 무척 매력적인 사람으로 변할 것이다. 그렇게 되면 우리의 커뮤니케이션은 상대방에게 끌어당기는 자석처럼 매력으로 가득해질 것이다.

40점에서 60점 사이의 점수를 가진 사람은 스스로 매력적이지 않다고 생각할 때가 종종 있을 것이다. 여러 사람이 모인 곳에서 소외감을 느낄 때도 가끔 있다. 사람들이 당신의 말을 귀 기울여 듣지 않아 화가 날 때도 있을 것이다. 가장 큰 문제는 하고 싶은 말이 있어도 망설이다가 적절한 타이밍을 놓치거나 해야 할 말을 제때 하지 못하고 '나는 왜 이럴까?' 하는 자책을 할 때가 많다는 것이다. 먼저 당신 스스로에게 애정을 갖도록 노력해야 한다. 스스로 '나는 이런 것 못해'라는 생각을 버리고 '나도 할 수 있다'는 최면을 걸어보자. 자신감이 회복되면서 언제, 어디서나 매력적인 화법을 할 수 있는 소양을 갖출 수 있을 것이다.

40점 미만의 점수를 받은 사람은 스스로 자신이 매력과 거리가 멀다고 여길 것이다. 대화에서도 자기 생각을 분명하게 말하지 못하고 손해 보는 느낌이 들지만 어쩔 수 없다고 포기하고 있지는 않은가? 여러분이 만약 미혼이라면 당신에 비해 전혀 나을 것이 없는 친구들은 연애도 잘하고 결혼도 잘하는데, 나에게는 왜 그런 이성친구가 생기지 않는지, 결혼은 하고 싶은데 왜 마땅한 인연이 없는지 고민할 수도 있다. 매력의 진정한 의미를 알고 서서히 매력적인 화법을 키우면 당신도 누구 못지않게 매력적인 사람으로 변할 수 있다. 직장 동료나 친구들에게 인기를 얻을 수 있고, 기본적으로 성실하고 신뢰가 가는 사람으로 끌리게 매력을 발산할 수도 있다.

도대체 매력은 어디에서 오는 것일까? 달변이나 화려한 수사(修辭)에 능해야 하는 것일까? 그렇지 않다. 그 사람들은 단지 '매력적인 화법'을 잘 아는 것뿐이다. 나만 돋보이게 하거나 생존경쟁에서 이기게 만들어주는 커뮤니케이션 기술을 한 차원 넘어서는 화법을 구사할 줄 안다는 것이다. 매력적인 화법의 기본적인 바탕은 늘 강조했던 신뢰와 진정성 있는 마음가짐이고, 그리 특이한 것도 어려운 것도 아니다. 누구나 조금만 그 방법을 알면 쉽게 실천에 옮겨 변화된 사회의 주역이 될 수가 있다.

2. 매력적인 화법 6가지

(1) 내 이야기를 먼저 꺼낸다.

타인의 마음을 움직이려면 내 신상을 먼저 공개하고 진솔해야 한다. 나에 대해 알리지 않으면 상대는 경계심을 늦추지 않으며 절대로 마음을 열지 않는다. 아무리 오랫동안 빈번하게 만나더라도 의례적으로 겉도는 대화만 하기 쉽다.

A: "오늘 오후에는 비가 내릴 듯싶네요."

B: "그렇군요."

자, 그렇다면 다음이 더 중요하다. 지금이야말로 '비'라는 공통 화제를 이용하여 자신을 조금만 공개하는 것이다.

A : "저는 강수확률이 높은 날이라도 밖에 나갈 때 비가 내리지 않으면 우산을 잘 챙기지 않는 성격입니다."

이런 식으로 자신의 성격을 살짝 공개한다. 그러면 상대방에게는 두 가지 대답이 생긴다. 하나는 상대방이 그 화제를 이용하여 자신에 관한 이야기를 하는 것이다.

B : "저는 굉장히 신중한 성격이라서, 날씨가 맑은 날에도 접이식 우산을 가방 속에 넣고 다닌답니다."

그리고 대답은 여러분에게 질문을 하는 것이다.

B : "비를 맞으면 옷이 젖잖아요, 그럴 땐 어떻게 하세요?"

상대방이 자신의 이야기를 하거나 당신에게 질문을 하더라도, 커뮤니케이션이 자연스럽게 진행되는 모습을 상상할 수가 있다.

핵심은 두 가지이다. 하나는 자신을 공개해서 화제를 제공하는 것이고, 다른 하나는 '마음을 터놓고 커뮤니케이션' 하자는 의사를 표시하는 것이다. 특히 자신의 기분이나 사적인 부분을 공개하면 서로 마음의 문이 활짝 열려 마음이 통한다. 그러면 인간관계는 원만해지고 일도 순조롭게 진행될 가능성이 크다.

(2) 타인의 문화에 대해 긍정적인 언급을 먼저 한다.

사람마다 서로 다른 문화권에서 성장한다. 문화는 공감대의 바탕이며 동질

감의 원형이다. 문화의 이해는 대화의 필수조건이다. 매력적인 커뮤니케이션에 성공하려면, 타 문화를 이해하는 관용적인 태도를 가져야 한다.

구세대는 젊은 세대의 버릇없음을 문화적 맥락에서 이해해야 대화가 시작된다. 신세대는 격동의 세월을 지나면서 생긴 구세대의 불안을 이해하며 커뮤니케이션해야 한다. 여성은 남성의 서열 중심 문화를, 남성은 여성의 민감한 감정 문화를 이해해야 커뮤니케이션을 잘 이어갈 수 있다.

서양인은 동양의 예절 문화를, 동양인은 서양의 페어플레이 문화를 이해해야 한다. 요즘 주변에 다문화 가정도 많다. 그들의 삶의 양식과 문화를 이해해야 한다. 문화 차이를 뛰어넘어 국경 없이 전 세계 사람들과 소셜 미디어시대를 살아가고 있기 때문에, 더욱 타인의 문화를 항상 긍정적으로 언급하여 커뮤니케이션을 시작해야 더 많은 사람과 소통할 수가 있다.

(3) 사소한 용어도 신중하게 선택한다.

말 한마디로 천 냥 빚을 갚을 뿐만 아니라 인생을 새로 살 수도 있다. 반면에 말 한마디로 평생 쌓은 명예를 쓰레기통에 버릴 수도 있다. 10년 지기 친구를 원수로 돌아서게 할 수도 있는 것이 말인 것이다. 사소한 용어 하나를 소홀하게 선택했다가는 큰 오해가 생길 수도 있다. 잘못 선택한 용어는 수백 가지로 해석될 수 있기 때문이다. 그래서 잘못된 용어 하나의 결과 차이가 엄청날 수 있음을 기억해야 한다.

- "누가 팀장님을 찾아와서 보자고 하는데, 어떻게 할까요?"
- "어느 분이 팀장님을 찾아오셔서 뵙자고 하시는데, 어떻게 하면 좋겠습니까?"

누가 더 교양 있고 품격이 있어 보이나요? 단어 하나를 다르게 선택했는데 느낌은 완전히 다르다. 직장에서 커뮤니케이션을 하다보면 그 사람의 참모습이 금방 드러난다. 교양 없는 말투, 기본에 어긋난 이야기가 자기도 모르게 튀어나오는 사람에겐 외모가 아무리 훌륭하더라도 아름다운 매력을 느낄 수가 없다. 항상 정확한 용어, 긍정적인 의미의 용어, 비의도적으로 누군가를 겨냥하지 않는 용어를 선택하여 사용하는 것이 중요하다. 일상에서든 직장생활에서든 항상 돋보이는 사람이 될 수가 있다.

(4) 반드시 커뮤니케이션 매너를 지킨다.

커뮤니케이션은 서로 약속된 규칙을 지키며 게임을 하는 스포츠와 같다. 스포츠에서 규칙이 지켜져야 승부를 정정당당하게 가릴 수 있듯이, 커뮤니케이션도 규칙을 지켜야 다툼 없이 오해 없이 주고받게 되고 끝을 맺을 수 있다. 남의 말에 함부로 끼어들지 않기, 이기적인 목적을 드러낸 말로 상대방에게 스트레스 주지 않기, 나만의 주관을 강요하지 않기, 말하는 시간을 공평하게 주고받기, 상대방의 말이나 행동을 미리 상상하거나 선입견 갖지 않기 등이 지켜져야 서로간의 커뮤니케이션이 성공적으로 이루어질 수가 있다.

(5) 언어의 생물적 본성을 이해한다.

언어는 살아 움직이는 생물과 같다. 새로운 언어가 등장하고, 낡은 언어는 소멸되기도 한다. '강추', '차도녀', '종결자' 등의 수많은 신조어들이 쏟아져 나온다. 신조어를 품위 없다고 비난만 할 것이 아니라, 이제는 살아 움직이는 생물적 언어 본성으로 이해해야 하지 않을까? 경우에 따라서 신조어를 적절하게 사용해서 분위기를 띄울 수도 있고, 젊은 세대와 공감대를 형성할 수도 있기 때문이다. 물론 상황과 장소, 대상에 따라 주의할 필요가 있다.

(6) 위축되지 않고 당당하게 말한다.

처음 참석한 모임, 처음 만나는 사람 앞이라도 위축될 필요가 없다. 자신이 잘 모르는 새로운 정보를 접했을 때도 적극적으로 관심을 보이는 것이 좋다.

다소 뻔뻔한 용기를 가진 사람이 더욱 현명할 뿐만 아니라, 앞을 내다보는 시야 또한 넓어진다.

글로벌 시대를 맞아 외국인들과 소통하려면 자기의 생각을 영어로 말하고 쓸 정도의 실력은 있어야 한다. 그러나 완벽한 영어가 필요한 것만은 아니다. 사전을 동원하면 짧고 간단한 영어로도 얼마든지 영어 소통이 가능하다. 외국어 사용에 조금만 뻔뻔해지면 간단한 영어로도 얼마든지 의사소통을 할 수 있다. 영어 교육을 열심히 받아도 영어 울렁증이 심하다면, 아마 완벽주의자일 가능성이 크다. 외국어를 구사할 수 있을 때 더 많은 정보를 얻을 수가 있다. 외국어 커뮤니케이션 능력을 키우는 노력도 필요하다는 사실을 기억하자.

3. 매력적이지 못한 화법 7가지

(1) 원색적인 표현을 한다.

사람은 감정적인 동물이기 때문에, 부정적인 감정은 동물적인 공격성을 자극한다. 이것을 다스리지 못하면 상대방에게 치명적인 상처를 주고, 이것은 곧 스스로를 불리하게 만든다. 사람의 감정은 자극을 받으면 점점 부풀어지는 속성이 있다. 특히 원색적인 언어 표현은 매우 자극적이다. 원색적인 표현은 어떤 커뮤니케이션 상황에도 어떤 관계라도 다 무너뜨릴 수 있다.

- "저런 싸가지 없는 놈이 있나?"
- "야! 이 XX야!"
- "재수 없네."

이런 말이 준 상처는 치유가 어렵다. 원색적인 표현은 상대방의 머릿속에 오랫동안 기억에 남는다. 갈등을 일으키고 커뮤니케이션을 단절시켜 버린다. 이것은 곧 인간관계의 단절을 가져온다. 인간을 동물과 구분할 수 있는 것 중 하나가 감정을 다스릴 수 있다는 점이다. 어떤 감정에도 원색적인 표현만은 삼가야 커뮤니케이션 단절로 인한 관계의 단절이 없는, 행복하고 즐거운 생활을 할 수 있게 만든다.

(2) 남의 눈치를 보며 말한다.

번듯한 직장, 남들이 알아주는 직업은 자랑할 수 있지만, 내가 좋아하는 일을 남들이 알아주지 않을 때는 속상한 마음이 든다. 그래서 남의 눈 때문에 하고 못하는 것들이 생길 수 있다. 내가 좋아하는 일을 하지 못할 때, 자신의 삶의 만족도도 떨어지고 자존감과 자신감도 함께 낮아진다. 그러면 아무래도 할 말도 제대로 하지 못하고 웅얼거리게 만든다.

타인의 기준으로 행동과 생각을 판단하면 당당하게 말할 수가 없다. 그러므로 자신을 있는 그대로 사랑하고 존중할 수 있어야 한다. 그리고 남의 눈이 아닌 내 마음의 소리에 따라 행동하고 선택해야 자신 있게 당당하게 말할 수 있다. 자신 있고 당당하게 커뮤니케이션 하라는 것은 자기의 이야기를 무례하게 주장하라는 것이 아니다. 앞서 커뮤니케이션도 매너의 규칙이 있다는 것을 기억하고, 자신의 이야기를 자신감 있게 나누길 바란다.

(3) 사소한 결정도 본인 위주로 내린다.

커뮤니케이션은 말이 아닌 마음을 주고받는 행위이다. 일방적인 통보는 커뮤니케이션이 아니다. 일방적인 통보는 명령, 지시에 속한다. 커뮤니케이션 상대가 마음의 문을 열고 속마음을 말할 분위기를 만든 후 커뮤니케이션을 해야 의사소통이 이루어진다. 여유를 가지고 커뮤니케이션 상대에게 결정적인 권한을 넘겨주는 것도 상대의 마음을 열게 하는 비법이다. 이때 진정한 고수는 자신이 원하는 결론을 상대의 입에서 나오도록 이끌어낸다.

(4) 논쟁을 싸움으로 변질시킨다.

논쟁은 항상 팽팽한 반대 의견을 주고받는다. 반대 의견과 불쾌감을 표현하는 것은 다르다. 그래서 논쟁 중일 때 논쟁 외적인 비난을 하면 괜한 말싸움으로 번지기가 쉽다. 부정적인 표현을 남발해도 말싸움으로 변질되고, 감정을 개입해도 갈등을 일으킨다. 또한 과거에 있었던 일을 들먹이면 분노의 감정을 폭발한다.

논쟁은 감정을 배제하고 논쟁의 주제 자체만을 언급해야 바람직한 결과를 얻을 수 있다. 인신공격, 감정적 폭언, 비본질적 언급은 소모적인 말싸움으로 번지게 된다. 따라서 이런 것은 절대적으로 피해야 한다. 논쟁은 논쟁으로 끝내야 한다.

따라서 커뮤니케이션을 나눌 때 목적에 맞는 화제를 선택하는 것이 중요하다. 그 내용에 관심이 있는 것을 선택하며, 추상적이지 않고 구체적인 일상생활에 익숙한 화제를 선택하는 것이 좋다. 시사성이 있거나 유머러스한 것, 또는 자신이 경험한 일들을 택하는 것이 좋은 화제가 될 수 있다. 또한 일상생활에서 쓰이고 있는 상대방과의 대화에서 화제 선택 시 꼭 생각해야 할 주의사항들이 있다.

화제 선택 시 꼭 생각해야 할 주의사항 5가지는 다음과 같다.

- 식탁에서는 불결한 이야기나 죽은 사람에 대한 것 등 불쾌감을 주는 화제를 하지 않는다.
- 음식에 대한 평가나 불평은 하지 않는다.
- 모임에서는 공통의 흥미를 줄 만한 화제를 택한다.
- 다른 사람 앞에서 신체에 관한 이야기는 하지 않는다.
- 공석이라면 사담은 하지 않는다.
- 종교나 정치적 이야기는 하지 않는다.

(5) 의견이나 신념을 나타내기 위해 단정적인 표현을 한다.

사람마다 얼굴이 다르듯 견해도 다르다. 내 의견을 일반화해서 단정적으로 통보하면 의견 충돌로 이어질 수밖에 없다. 간섭이나 비난은 내 생각을 일반화하고 기준점으로 삼은 결과이다. 종교적 강요, 정치적 견해 주입을 위해 단정적인 표현을 사용하는 사람들이 많다. 이 경우는 곧 커뮤니케이션이 끊기고 갈등으로 변질되어 관계도 끊어진다. 내가 이렇게 했으니 너도 이렇게 해야 한다는 식의 단정적 표현은 어디에서도 통하지 않는다. 나와 생각하거나 행동하는 방법이 다를 뿐이다. 그럴 수도 있다는 수용적인 태도가 매력적인 화법의 성공 비결이다.

(6) 커뮤니케이션 중 휴대전화를 계속 들여다본다.

휴대전화가 스마트폰으로 진화하면서 그 안에 온갖 재밋거리가 가득 생겼다. 커뮤니케이션 중에 새로 산 휴대전화 어플리케이션을 뒤지거나 검색하는 사람들이 더욱 많아졌다. 커뮤니케이션 중에 휴대전화를 들여다보면, 상대는 무시당한다는 모욕감을 느낀다. 상대의 말에 귀 기울이는 태도가 상대를 존중하는 태도인 것이다. 급한 일도 아닌데 커뮤니케이션 중 휴대전화를 만지작거리거나 들여다보면, 상대방에게는 더 이상 이야기를 나누고 싶지 않다는 감정을 생긴다. 그러므로 커뮤니케이션 중 휴대전화 사용은 양해를 구한 다음 극히 제한적으로 사용하는 태도를 가져야 한다.

(7) 노골적으로 자기 홍보를 한다.

소셜 미디어를 홍보 도구로 사용하는 사람들이 많다. 홍보는 더 많은 사람들에게 나의 존재와 내가 팔려는 물건을 알리는데 도움이 된다. 소셜 미디어 사용 인구가 급증하면서 이를 통한 홍보 효과도 놀랍다. 그러나 노골적 자기 홍보는 거부감부터 생기기가 쉽다. 남의 자랑을 들어주는 데는 분명 한계가 있다. 일반적인 자리에서 대화를 나눌 때 노골적인 자기 홍보는 주의해야 한다.

- "이 기획을 통과시키려고 굉장히 고생했습니다."
- "내가 과장님과 담판했으니 천만다행이지."
- "거래처의 양해를 구하려고 얼마나 많은 시간을 들였는지 아세요?"

쓸데없이 자기 어필을 늘어놓으면 오히려 상대방의 신뢰를 잃게 된다. 이렇게 집요하게 어필하면 여태까지 공들인 노력이 수포로 돌아갈 수도 있다. 자신이 노력했다는 평가를 얻으려고 어필해 보았자 역효과만 낳는다. 우선 신뢰부터 쌓아야 내가 가진 것을 더 효과적으로 홍보할 수가 있다. 어떻게 해서든지 꼭 알리고 싶은 내용이 있다면 짧고 경험 있게 말하는 것이 좋다. 신뢰를 쌓기 위해서 상대에게 필요한 정보를 조건 없이 제공할 줄도 알아야 한다.

우리 사회는 빠르게 수직적 구조에서 수평적 구조로 바뀌고 있다. 수직적인 조직에서는 수단과 방법을 가리지 않고 상위층으로 올라가기만 하면 타인의 눈에 잘 띄게 된다. 그러나 수평적인 조직에서는 상위층도 커뮤니케이션 품격이 남다르고 매력이 있어야 타인의 주목을 받을 수 있고, 예전에는 주목을 받지 못하던 하위직에서도 커뮤니케이션에 능한 사람이라면 얼마든지 다른 사람들의 눈에 띌 수가 있다.

다양한 첨단 기술과 엔터테인먼트 사업이 결합하면서 사람들의 주변에는 재미있는 것들이 넘쳐나고 있다. 항상 휴대하는 손 안의 기기에도 온갖 진귀하고 재미있는 이야깃거리들이 흘러넘친다. 그러나 눈과 귀가 바쁜 요즘 시대일지라도 말 몇 마디로, 글 몇 문장으로 사람들의 시선을 사로잡을 수 있다.

인간의 매력은 말에서 나온다. 말에 그 사람과 매력이 담겨있는 것이다. 커뮤니케이션을 하면 할수록 매력이 넘쳐나는 사람이 있는가 하면, 그 정반대의 경우도 있다. 매력적인 화법은 상대의 눈과 마음을 사로잡고, 말 몇 마디로도 상대를 내편으로 만들고 그를 행동하게 만드는 마력을 가지고 있다. 그러므로 매력적인 화법에 도전해 보자.

스스로 정리하기

제7장 매력적인 화법을 배우고 난 후 수업 내용을 한 문장의 자신만의 언어로 표현해 보고, 수업을 통해서 배운 점과 하고 싶었던 질문을 스스로 정리해 봅시다.

✓ 오늘 수업 내용을 한 문장으로 표현한다면 어떻게 할 수 있을까요?

✓ 오늘 수업을 통해서 배운 내용과 하고 싶었던 질문은?

스스로 실천하기

제7장 매력적인 화법과 매력적이지 못한 화법을 통해 나의 커뮤니케이션 습관 중 바꾸고 싶은 혹은 앞으로 내가 실천하고 싶은 스킬 3가지 이상을 작성하고, 앞으로 어떻게 실천할 것인지 스스로 정리해 봅시다.

생각해 봅시다

같은 말이라도 어떻게 하느냐에 따라 결과는 달라진다

파리의 센 강을 가로지르는 미라보 다리는 문학 작품에 자주 등장하여 우리에게는 친숙한 소재이다. 특히 프랑스 시인 기욤 아폴리네르의 시 〈미라보 다리〉는 미라보 다리를 더욱 감성적으로 바라보게 한다. 미라보 다리는 그 자체로 이미 문학이며 감수성이다.

이 낭만적인 다리에 팻말을 목에 걸고 구걸하는 걸인이 있었다. 목에 걸린 팻말에는 '저는 태어날 때부터 장님입니다'라고 적혀 있었다. 사람들은 그에게 눈길조차 주지 않았고, 모금함은 늘 텅 비어 있었다.
그러던 어느 날, 한 신사가 미라보 다리를 지나다가 그를 보게 되었다. 신사는 가던 길을 멈추고 그에게 물었다.
"이렇게 좋은 일 있으면 돈을 얼마나 벌 수 있습니까?"
신사의 물음에 걸인은 힘없는 목소리로 대답했다.
"고작해야 10프랑 밖에 안 됩니다."
그러자 신사는 그에게 목에 걸고 있는 팻말을 벗어달라고 한 뒤, 무언가를 써서 다시 건네주었다. 그러자 신기한 일이 벌어졌다. 종일 10프랑 밖에 받지 못하던 그가, 신사가 다녀간 뒤로는 다섯 배나 넘는 돈을 쥐게 되었다.
한 달 뒤, 신사가 걸인에게 가서 말을 걸었다. 그랬더니 걸인은 신사의 손을 잡고 감격해서 말했다.
"선생님, 정말 감사합니다. 선생님이 다녀가신 후로 수입이 50프랑이나 됩니다. 어떻게 이런 일이 있을 수 있지요? 대체 선생님께서 뭐라고 써 놓으셨기에…"
걸인의 물음에 신사가 빙그레 웃으며 말했다.
"별로 특별한 것은 아닙니다. 당신이 팻말에 써 놓은 '저는 태어날 때부터 장님입니다' 대신, '봄이 오는 것을 저는 볼 수 없습니다'라고 바꿔서 적었을 뿐입니다."
신사의 말에 걸인은 연신 감사의 인사를 전했다.

–「너, 무슨 말을 그렇게 해?」 중에서

CHAPTER 08

효과적인 커뮤니케이션 스킬

학습목표
- 효과적인 커뮤니케이션의 중요성을 설명할 수 있다.
- 효과적인 커뮤니케이션 스킬 실천 방안을 계획할 수 있다.
- 여러 가지 돌발적인 커뮤니케이션 상황에서 효과적인 커뮤니케이션 스킬을 활용할 수 있다.

똑같은 내용을 말하더라도 누가 말하느냐, 어떻게 말하느냐에 따라서 커뮤니케이션의 효과는 전혀 다르게 나타난다. 우선 '누가 말하느냐'의 문제이다. 같은 말이라도 사장님이 말하는 것과 신입사원이 말하는 것은 전혀 다른 영향력을 보이게 된다. 주어진 사회적 위치 속에서 좀 더 나은 사람이 되는 것은 커뮤니케이션을 다르게 하는 것만으로도 얼마든지 가능하다. 그냥 사장님이 아니라 배려심 가득한 사장님, 그냥 신입사원이 아니라 성실한 신입사원이 될 수 있다.

- 식당 사장님 : "만 원입니다."
  - ➡ '친절한' 식당 사장님 : "맛있게 드셨어요? 1만 원입니다."
- 아르바이트생 : "주문하시겠습니까?"
  - ➡ '성실한' 아르바이트생 : "기다리느라 불편하셨죠? 주문하시겠습니까?"
- 부장님 : "잘하셨습니다."
  - ➡ '배려심 가득한' 부장님 : "이 모든 성과는 김대리 덕입니다. 잘하셨습니다."

예를 들어, 사장님이 부하 직원이 제출한 보고서를 보고 "잘하셨습니다!"라고 말씀하실 수도 있지만, "이 모든 성과는 김대리 덕입니다, 아주 훌륭한 보고서였습니다."라고 이야기한다면, 좀 더 나은 사장님으로 만드는 커뮤니케이션이 된다. 누군가에게 신뢰를 주는 또 다른 누군가에게는 존경받을 만한 자격이 있는 사람으로 만들어주는 것이 커뮤니케이션이나. 누군가와 좋은 관계를 맺고 싶다면, 신뢰를 얻고 싶다면 효과적인 커뮤니케이션 스킬을 활용해야 한다.

1. 소통의 시작은 인사

관심의 표현, 감사의 표현, 호의의 표현, 의사의 표현들을 다 통합한 선물은 무엇일까? 바로 '인사'이다. 인사성이란 상대에 대한 나의 호의, 관심, 감사의 표현이다. 그러므로 기회가 주어지면 무조건 먼저 인사를 해야 한다. 인사성이 분명해야 상대방에게 자신의 호의, 관심, 감사, 의식이 확실히 전달되기 때문이다.

어쩌면 사람과 사람 사이의 최고의 선물은 인사이다. 이것은 강력한 인간관계와 커뮤니케이션의 성공요소 중의 하나이다. 인간관계는 성실한 관심의 표현을 통해 더욱더 돈독해진다. 이때 인사말 하나라도 분명히 할 필요가 있다.

인사를 할 때는 밝고 부드럽고 화사한 표정이 가장 이상적이다. 어두운 인상보다 밝은 인상을, 소극적인 것보다 적극적인 자세를, 우왕좌왕 사고에 그치지 말고 실천을, 내성적이고 개인적이기보다 외향적이고 사고적이기를 애써 노력하면 바람직한 인사성이 몸에 배게 될 것이다. 의식, 관심, 호의, 감사의 표현을 주변 사람들에게 진실하고 성의 있게 인사로 표현하면 직장생활이 한층 더 밝아질 것이다.

효과적인 인사는 먼저 해야 한다. 우리가 누구에게 자발적으로 먼저 인사하는 경우를 한 번 생각해 보자. 자신이 먼저 인사를 한다는 것은 상대에게 호의를 표시하는 일이며, 한편으로는 존경의 표시이기도 하다. 그래서 인사는 적극성과 능동성이 앞서야 그 효과가 더욱 크다. 따라서 자기가 먼저 하는 것이 유리하다.

인사란 서로의 마음을 흐뭇하게 만드는 일이며, 반드시 그 이상의 대가를 안겨준다. 언제, 어디서, 어떤 사람을 만나게 될지 아무도 모른다. 그러나 인사성이 밝은 사람은 그 간단한 인사말로 주변을 밝게 만든다. 한 사람이라도 좋은 인간관계를 맺어야 인생에서 성공할 수가 있다. 되도록 많은 사람과 인사를 나누는 것이 인간관계를 돈독히 하는 비결이 될 수가 있다.

먼저 마음을 열고 "나는 당신에게 호감이 있습니다." 하는 인사를 하면, 상대도 마음을 열고 "사실, 나도 당신에게 호감을 가지고 있습니다."라고 서슴없이 답례를 해올 것이다.

2. 많은 뜻을 전달하는 어절 '오', '음', '아'

'오', '음', '아' 이 세 가지 음절은 기본적인 보디랭귀지인 고개 끄덕이기, 시선 맞추기와 결합하면 많은 뜻을 강력하게 전달할 수가 있다. 세 음절 모두 고개를 끄덕이며 상대를 바라보면서 해야 한다.

'오'는 상대의 말에 감탄했다는 칭찬의 뜻을 전달할 수 있다. 상대를 내용을 길게 칭찬하는 것도 좋지만, 상대에게 감탄하는 마음을 강하고 솔직하게 표현할 때가 효과적이다.

'음'은 상대의 말에 동의하며 관심이 있으므로 더 진지하게 고민해 보겠다는 뜻을 전달할 수 있다. 설사 반대를 하더라도 이렇게 먼저 표현하면 상대는 동의를 얻었다는 느낌을 받을 수 있다.

'아'라는 감탄사는 상대의 말을 확실하게 이해했다는 뜻을 전달하는데, 어조에 따라 감탄의 뜻으로 전할 수도 있다. 또한 상대가 감성적인 이야기를 한 후

라면 공감하고 있다는 표현도 된다.

이 세 가지 어절은 상대의 말을 크게 끊지 않으면서 상대에게 커뮤니케이션을 주고받고 있다는 느낌을 준다. 보디랭귀지에 음절을 보내 보다 강력한 의사전달을 하는 것이다. 다만, 상대의 질문이나 본인에 대한 비판에 이런 식의 대응으로 일관한다면 상식 밖의 행동을 하는 것으로 취급받을 수 있기 때문에 주의해야 한다.

3. '문제'라는 단어의 문제

모름지기 우리가 사용하는 말은 우리가 세상을 보는 눈을 결정하는 법이다. '말'이라는 건 정말 중요하다. "우리 백화점은 고객 불만 처리팀을 품질 보증팀으로 이름을 바꾸었지요. 그러자 부서원들의 업무 실적이나 사기가 눈에 띄게 달라졌습니다. 그전에는 문제 해결이 자기 업무라고 생각하여 스트레스를 받았다면, 이제는 최고 수준을 유지시키는 업무라는 자부심을 느끼게 된 것이지요. 팀으로 들어오는 모든 제언은 우리 제품과 서비스의 질을 높여주는 기회가 됩니다. 우리 업무가 회사의 명성에 긍정적으로 기여한다는 느낌이 사기를 높이고 있습니다."라고, 어느 유통 전문가가 한 이야기를 책에서 읽은 적이 있다.

우리가 일상적인 커뮤니케이션에서 사용하고 있는 단어 중 '문제'라는 단어는 부정적인 태도를 만든다. 문제라는 단어가 부정적인 이미지를 가지고 있어서 계속 그 부정적인 효과가 알지 못하는 사이에 조금씩 쌓여간다. "문제 하나가 해결되자마자 다른 문제가 터졌어."라든지 "어째서 모두들 나한테 문제를 다 쏟아내는 거지?"라고 불평을 하게 된다. 그래서 문제라는 단어를 사용하면 스스로 인생관도 부정적이 될 수가 있다.

표 8 '문제' 표현 문장을 바꾼 긍정적 표현

'문제'를 사용한 표현	긍정적 표현
비서한테 전화 왔다는 이야기 들었어요. 무슨 문제라도 있습니까?	비서한테 전화 왔다는 이야기 들었어요. 전달할 내용이 있나요?
이제 회의를 끝내고 업무로 돌아갑시다. 마지막으로 의논해야 할 문제가 있나요?	이제 회의를 끝내고 업무로 돌아갑시다. 회의를 끝내기 전에 의논해야 할 것이 더 있나요?
자네가 금요일 오후에 반차를 내는 데는 아무 문제가 없네.	물론 자네는 금요일 오후에 반차를 낼 수 있네. 그만큼 애셨으니 충분히 자격이 있어.
당신이 그 고객을 대한 방식에 문제가 있어요.	그 고객과 무슨 일이 있었던 거지요?
아무 문제없습니다. 이건 제 일이니까요.	괜찮습니다. 제가 충분히 할 수 있습니다.
자네 문제가 뭔지 아나? 자기 생각 밖에 안한다는 거야.	주변 사람들을 좀 더 배려해 주면 좋을 것 같아.

자료 : 샘 혼, 적을 만들지 않는 대화법, 갈매나무의 내용을 재구성.

'문제'라는 단어를 긍정적인 표현으로 바꾸면, 여러분의 커뮤니케이션은 더욱 긍정적인 방향으로 바꿀 수 있다. 몇 가지 예를 살펴보고 실습해 보자.

- "비서한테 전화 왔다는 이야기 들었어요. 무슨 문제라도 있습니까?"
  - ➡ "비서한테 전화 왔다는 이야기 들었어요. 전달할 내용이 있나요?"
- "이제 회의를 끝내고 업무로 돌아갑시다. 마지막으로 의논해야 할 문제가 있나요?"
  - ➡ "이제 회의를 끝내고 업무로 돌아갑시다. 회의를 끝내기 전에 의논해야 할 것이 있나요?"
- "자네가 금요일 오후에 반차를 내는 데는 아무 문제가 없네."
  - ➡ "물론 자네는 금요일 오후에 반차를 낼 수 있네. 그만큼 애셨으니 충분히 자격이 있어."
- "당신이 그 고객을 대한 방식에 문제가 있습니다."
  - ➡
- "아무 문제 없습니다. 이건 제 일이니까요."
  - ➡

- "자네 문제가 뭔지 아나? 자기 생각밖에 안한다는 거야."

➡

우리의 태도가 바로 세상을 색칠하는 크레용이다. 그리고 우리 태도를 색칠하는 크레용은 다름 아닌 우리가 쓰는 말이다. '문제'라는 단어 때문에 삶을 부담으로 투쟁의 대상으로 볼 수가 있다. '문제'라는 단어를 던져버리는 순간, 세상을 조금 더 긍정적으로 볼 수가 있다.

4. 겸손한 말과 자신을 비하하는 말 구분하기

- "저는 실력이 모자랍니다."
- "저는 경험이 부족해 그 일을 할 수 없습니다."
- "저 같은 사람이 할 수 있는 일이 아니라고 생각합니다."
- "저 말고 다른 사람에게 이 일을 맡겨 주십시오."
- "저 혼자서는 할 수 있는 일이 아닙니다."
- "저번에 실패한 적이 있어서요…."

이런 말들은 자신을 겸손하게 낮추는 말 같지만 결코 그렇지 않다. 이런 사람들은 자기 자신에 대한 정체성과 자존감이 없는 사람들이다. 열정이나 도전정신이 눈곱만큼도 없는 사람들이다. 자신을 비하하는 사람이 어떻게 일을 도모하고 이를 성과와 연결시킬 수 있을까.

만약 여러분이 이러한 사람이라면, 다음 규칙에 따라 지금 당장 자신을 변화시키지 않으면 조직생활을 하기가 어렵다. 우리가 관심을 가지고 변화시켜야 할 원칙은 다음과 같다.

첫째, 상황을 있는 그대로 받아들인다. 상황을 있는 그대로 받아들이지 않기 때문에 동정심을 바라는 것이다. 일이 잘못된 결과를 그대로 인정하고 상황에 대한 문제점을 분석하여 재발하지 않도록 조치를 취하는 것이다.

둘째, 자존감을 높이는 것이다. 자신감이 없는 사람이 이런 발언을 자주 하는 경향이 있다. 무엇보다 이런 사람들은 자존감을 높이는 노력을 기울인다. 자존감을 높이기 위해서는 두려움에 당당히 맞서고 긍정적인 마인드를 가져야 한다.

셋째, 지나치게 자신을 낮추는 말은 하지 않는다. 누구나 똑같은 조건을 통과하여 입사했다. 능력은 비슷하다는 의미이다. 자신을 지나치게 낮추면 자신감 없는, 어떤 일을 맡기고 싶지 않은 사람으로 평가받게 될 것이다.

겸손한 말과 자신을 비하하는 말은 다르다. 자신을 비하하는 말은 일을 말끔하게 처리하지 못하는 사람으로, 낙인찍는 것 외에 아무런 효과가 없다. 비겁한 말과 행동은 사람들과 거리를 멀어지게 할 뿐이다. 이런 사람들은 자신의 게으름 탓에 궁지로 몰리게 되었으면서 그것이 다른 사람의 탓인 양 비난하는 경우가 많다. 그러므로 이러한 커뮤니케이션을 하는 사람들은 빨리 위 세 가지의 원칙을 실천해서 변화한 커뮤니케이션으로 멋지게 직장생활을 할 수 있기를 바란다.

5. '3'으로 정리하기

숫자 중에 어떤 숫자를 좋아하는가. 예로부터 3이란 숫자를 사용한 말이 많다. '3대 현인'부터 '세 마리 돼지', '세 자매', '베스트 쓰리'나 '워스트 쓰리'까지 특출한 것을 나열할 때 많이 사용한다. 3이라는 숫자는 많지도 적지도 않은 적당한 숫자이기에 좋은 것이다.

송(松) · 죽(竹) · 매(梅)나 상 · 중 · 하, 옷 사이즈도 S · M · L 등 물건을 세 가지 단위로 구분하는 경우도 많다. 이것은 사물을 세 가지의 요소로 분리하는 것이 비교적 쉽기 때문이다. 먼저 질이나 양의 양극단을 생각하고, 그 다음에 중간을 끼워 넣으면 되기 때문에 누구에게든 이미지가 쉽게 떠오른다.

3은 많지도 적지도 않은, 인간이 그 내용을 이미지화하거나 기억할 수 있는 적당한 양인 것이다. 이것은 회의 등에서 의견을 펼칠 때에도 활용할 수 있다.

"이 기획은 우리에게 몇 가지 이익을 줍니다."라고 하기보다는 "이 기획은 우리에게 세 가지 이익을 줍니다."라고 말하는 편이 상대의 흥미를 끌기가 쉽다. 만약, "이익이 열 개 있습니다."라는 소리를 들으면 "뭐? 지금부터 너무 과장된 거 아니야? 열 개 분량의 설명을 들으라는 거야?!" 하고 듣기 전부터 신뢰가 없고 내용을 지겨워할 것이고, 들은 다음에도 내용을 파악하기가 어렵다. 그리고 이익을 열 개로 집약하면, 단순히 나열한 것뿐인 듯 생각이 되어져서 "이 사람은 기획 내용에 대해 제대로 정리가 되어 있지 않군."이라는 인상을 주고 만다.

설명을 듣는 입장에서도 세 가지로 나누어진 이익을 제시했을 때 머릿속에서 이미지화하기 쉽기 때문에 상대의 의견도 수월하게 받아들여진다. 즉 "아, 세 가지 이익? 한 번 들어볼까?"라는 생각을 하게 된다. 그러므로 회의나 협상 전에는 문제점이나 제안하고 싶은 것을 세 가지로 간결하게 정리하여 이야기할 수 있도록 준비해 둘 필요가 있다.

만약 도저히 세 가지로 압축되지 않을 때, 예를 들어 문제가 너무 많아서 그야말로 '총체적 난국'이라고 부르고 싶은 상황을 만날 때가 있다. 이럴 때는 세 가지로 압축하기 힘든 것처럼 보인다. 도저히 압축되지 않을 때는 과감하게 세 가지만 골라내고, 나머지는 과감하게 버리는 것이 좋다. 일단 여러분의 이야기에 설득력이 있으면 나머지 문제는 천천히 이야기해도 늦지가 않다.

6. 기분 좋아지는 '파이팅'

심리학자들은 자신을 치료하고 힘을 내는 데는 건강한 척 해보는 것도 좋은 방법이라고 이야기한다. 미국의 심리학자 윌리암 제임스는 "쾌활함을 잃었을 때 그것을 돌이키는 최선의 방법은 정말 쾌활한 척 행동하고 쾌활한 척 말하는 것이다."라고 말했다. 자신에게 '파이팅'이라고 한마디 해주는 것으로 가라앉은 기분에서 탈출할 수 있다는 것이다.

가끔 운동선수들이 운동을 할 때 하나가 되어 '파이팅~', '파이팅!' 하고 소리를 내면서 뛰는 모습을 볼 수가 있다. 뛰고 있는 자체만으로도 힘들 텐데, 게다가 큰소리까지 내면 더욱 피곤할 뿐이라고 생각하기 일쑤이지만 거기엔 심리적인 효과가 깔려 있다.

사람은 울고 싶을 때는 우는 얼굴이 되고 즐거울 때는 즐거운 얼굴이 된다고 생각하지만, 반대로 울고 있는 얼굴을 하고 있으니까 울고 싶어지고 즐거운 얼굴을 하고 있으니까 즐거워진다고 하는 작용이 있다. 이것은 유명한 연구가 레어드라는 심리학자가 행한 실험의 결과이다.

레어드는 얼굴 근육에 전극을 세트하여 웃는 얼굴이며 화난 표정을 인위적으로 만들어냈다. 그리고 피험자에게 여러 가지 감정의 표정을 인위적으로 만들어낸 다음 몇 장의 그림을 보여줬다. 그 결과, 근육의 움직임으로 웃는 표정이 만들어졌을 때는 그 그림을 보고 웃기다고 느끼고, 화난 표정이 만들어져 있을 때는 같은 그림을 보아도 화난 감정이 드러나는 것을 확인했다. 그러므로 만약 울고 싶을 때라도 억지로 웃는 얼굴을 만들어보면 점점 마음이 편해진다.

또한 마음과 신체에 관해 서술한 유명한 이야기에 '톰의 위'가 있다. 뉴욕 시민 중에 아일랜드 출신의 톰이라는 인물이 있었다. 아홉 살 때 잘못하여 뜨거운 수프를 마시다가 식도가 화상으로 인해 심하게 손상되고 말았다. 그 때문에 복벽의 절개 부분에서 위의 일부를 외부에 끄집어내어 그곳으로 직접 먹을 것을 섭취하는 상태가 되었다. 한 심리학자가 톰의 위에 흥미를 가져, 마음의 변화가 어떻게 위의 변화에 영향을 미치는지 조사하였다.

그 결과, 톰이 화가 나면 얼굴이 빨갛게 되는 것과 동시에 위도 빨갛게 되는 것을 알았다. 공포를 느끼면 얼굴색이 그런 것처럼 위도 창백해졌다. 이 관찰을 바탕으로 마음과 몸의 연동이 이론화되었다.

기분이 가라앉을 때나 슬픈 마음이 들 때에는 어쨌든 웃는 얼굴로 '파이팅'하고 자신을 격려하는 말을 스스로 해보는 것은 어떨까? 정말로 기분이 좋아지는 것을 느낄 수가 있을 것이다. 짜증이 날 때, 무기력할 때, 인간관계 때문에 힘이 들 때 '파이팅!'을 외쳐보자.

우리는 아침마다 단정한 모습을 보이기 위해 세수도 하고, 빗질도 하고, 오늘 입을 옷도 고른다. 인간관계를 결정하는 커뮤니케이션 현장에서 어떻게 커뮤니케이션하는 것이 좋을 것인가를 고민하는 것에 시간을 할애하는 것은 당연하다. 커뮤니케이션을 하기 전에 내가 존경받고 신뢰받을 만한 사람이라는 것을 증명할 효과적인 커뮤니케이션 스킬을 준비하는 것은 어색한 게 아니고 당연한 일이다.

효과적인 커뮤니케이션은 하나씩 좋은 방향으로 만들어가는 과정 속의 산출물이다. 그 무엇이라도 좋다. 누군가에게 조금이라도 부담이 될, 기분 나쁘게 할 수도 있을, 걱정을 하게 할, 그런 말을 해야 할 상황을 머리에 그려보자. 그것을 문장으로 정리해 보자. 그리고 그 문장을 커뮤니케이션 현장에서 활용한다면, 아마 당신은 믿을 만한 사람으로 신뢰를 얻고 주변 사람에게 존경받을 만한 사람으로 인간관계를 이어갈 수 있을 것이다.

스스로 정리하기

제8장 효과적인 커뮤니케이션 스킬을 배우고 난 후 수업 내용을 한 문장의 자신만의 언어로 표현해 보고, 수업을 통해서 배운 점과 하고 싶었던 질문을 스스로 정리해 봅시다.

✓ 오늘 수업 내용을 한 문장으로 표현한다면 어떻게 할 수 있을까요?

✓ 오늘 수업을 통해서 배운 내용과 하고 싶었던 질문은?

스스로 실천하기

제8장 효과적인 커뮤니케이션 스킬을 통해 앞으로 내가 실천하고 싶은 스킬 두 가지 이상을 작성하고, 앞으로 어떻게 실천할 것인지 스스로 정리해 봅시다.

생각해 봅시다

습관에 관한 명언

습관의 사슬은 끊기 어려울 정도로 강해질 때까지는 너무나 약해서 잘 알아채지 못한다. 〈새뮤얼 존슨〉

생각을 심으면 행동을 낳는다.
행동을 심으면 습관을 낳는다.
습관을 심으면 성품을 낳는다.
성격을 심으면 운명을 낳는다.
〈새뮤얼 스마일스〉

습관은 오랜 연습을 통해 형성되며, 친구가 되어 마침내 인간의 본성이 된다.
〈아리스토텔레스〉

–「마음을 움직이는 10가지 대화 기술」 중에서

CHAPTER 09

상황별 커뮤니케이션 스킬

학습목표
- 상황별 커뮤니케이션의 방법을 설명할 수 있다.
- 상황별 탁월한 커뮤니케이션을 활용할 수 있다.
- 상황별 커뮤니케이션의 연습 계획을 세울 수 있다.

사회가 많이 발달함에 따라 현대인을 둘러싼 정보의 질과 양이 옛날에 비할 수 없을 정도로 변화가 증가하고 있다. 그런 환경에서 살아가는 현대인들은 예전보다 훨씬 높은 수준의 커뮤니케이션 능력을 요구받는다.

옛날에는 정보 교환이 편지 등 비교적 느린 속도로 오갔지만, 지금은 메일로 대체되었다. 메일은 하루 10통에서 많게는 100통의 연락에 응해야 한다. 메일을 보낸 사람들은 대부분 즉시 회신받기를 원한다. 휴대전화의 보급으로 인해 전화에 할애하는 시간도 늘어나고, 실제로 사람과 만나서 대화를 나누고 그 자리에서 즉시 의사결정을 해야 하는 상황도 많아지고 있다. 이 모든 대화를 제대로 해낼 수 있는 사람은 대체 얼마나 될까?

정보의 질과 양이 증가하면서 지금까지는 없었던 수많은 문제가 생겨났다. 그 결과 실로 많은 사람들이 '커뮤니케이션에 서투른 사람과 관계를 맺고 싶지 않다', '함께 일하고 싶지 않다'라고 말한다. 사적인 인간관계는 물론 직장에서도 비록 다른 능력이 뛰어나다고 하더라도 커뮤니케이션 능력이 결여되었다면 낮은 평가를 받는 경우가 발생한다. 바로 이점이 현대사회가 훨씬 수준 높은 커뮤니케이션 능력을 요구하는 가장 큰 원인이다.

그럼 어떻게 해야 상황별 커뮤니케이션으로 그 상황을 잘 대처하는 사람이 될 수 있을까? 상황별 커뮤니케이션 기술을 알아보자.

1. 상황별 커뮤니케이션 기술

(1) 성향이나 코드가 맞지 않은 사람과의 커뮤니케이션

성향이나 코드가 맞지 않은 사람이나 관계가 불편한 사람일수록 예의를 갖추어 존대어를 쓰며 적정한 거리를 유지하는 것이 현명하다. 성향이나 코드가 맞지 않거나 과거에 좋지 않은 일로 인해 싫어진 사람이 있을 수도 있다. 비즈니스 관계에서 불가피하게 만나야 하는 사람이라면 최대한 예의를 갖춰 깍듯이 대하는 것이 그나마 내 마음을 들키지 않으면서 잘 지낼 수 있는 방법이다.

마음속 감정을 표현하지 않아도 말투나 목소리, 눈빛 등으로 무의식중에 그대로 표출되어 버린다. 특히 좋지 않은 감정은 더욱더 무의식중에 고스란히 잘 전달된다. 하지만 일을 하다보면 내 감정과 관계없이 다양한 사람들과 교류하며 일할 수밖에 없다. 그렇다면 되도록 싫은 감정이 표출되지 않도록 노력하면서 적정거리를 두는 것이 일하는데 가장 편할 것이다. 이런 측면에서 상대에게 깍듯한 존대어를 쓰면, 설령 나도 모르게 말투나 음색이 감정적으로 좋지 않게 나오더라도 일단 상대를 높이는 느낌이 들어 상대에 대한 감정이 덜 표출될 수 있다.

그리고 성향이나 코드가 맞지 않은 사람과는 일대일로 만나는 것보다, 여러 사람과 함께 어울려 교류하는 것이 효과적이다. 혹시 비즈니스 상대가 불편하고, 싫다면 나 혼자 만나는 것보다 다른 직원을 동반하는 것이 훨씬 덜 불편하다는 것이다. 여러 사람과 어울려 만나는 것은 싫은 상대와 직접적으로 교류하지 않으면서 불편한 마음을 숨길 수 있으므로 관계를 지속시킬 수 있는 좋은 방법이다.

아울러 좋지 않은 관계였지만 일을 하는데 껄끄러워 관계를 다시금 회복하고 싶다면, 그에게 관심을 가지고 그의 능력을 인정해 주는 것이 가장 좋다. 그의 이야기에 적극적으로 관심을 표하면서 공감하는 모습을 자주 보이며, 나아가 여러 사람이 모인 자리에서 그를 세워주고 능력을 높이 평가해 준다면 비록 좋지 않은 관계일지라도 점차 좋게 회복될 수 있다.

(2) 말을 자주 바꾸는 변덕스러운 사람과의 커뮤니케이션

커뮤니케이션을 하다보면 오해가 있을 수 있다. 말하는 사람도 자신이 의도한 바를 100% 전달하기 어렵고, 듣는 사람도 상대방의 의도를 100% 이해하지 못하는 데서 발생하는 일반적인 오류는 있을 수 있다. 그러나 자신의 책임은 0%도 없다고 딱 잡아떼는 사람이 있다. 이렇게 말을 자주 바꾸고 변덕스러운 사람과 커뮤니케이션할 때는 첫째, 상대방의 말을 확인하는 질문을 해야 한다. 예를 들어,

A : "부탁드린 기획안은 내일까지 보내주실 수 있지요?"
B : "내일까지는 힘들 것 같습니다."
A : "저번에 내일까지 된다고 말씀하신 것 같은데요."
B : "글쎄요. 저는 정확한 날짜를 말씀드린 적이 없어요. 제가 지키지 못할 약속은 하지 않는 성격이라서…"
A : "(속으로) 뭐 이런 사람이 다 있어? 이렇게 말을 바꿔버리는군."

상대방이 그렇게 이야기한 적이 없다고 오리발을 내밀면 정말이지 억울하다. 이렇게 한 입으로 두 말 하는, 자주 말을 바꾸는 사람이 변덕스러운 사람들은 처음부터 지시를 내릴 때 확인하는 질문을 해야 한다.

A : "부탁드린 기획안은 언제까지 보내주실 수 있을까요?"
B : "수요일까지 될 것 같아요."

A : "네, 수요일까지는 기획안을 보내주실 수 있다는 거죠?"

B : "네~ 맞습니다."

A : "그럼, 수요일까지 기획안 제출 가능하다고 메모해 두겠습니다."

B : "네, 알겠습니다."

확인하는 질문을 통해서 쌍방 간에 소통 중 발생할 수 있는 오해를 줄일 수도 있다. 또 지금 대화처럼 자주 말을 바꾸는 스타일이라면 미팅 시 대화 주제와 내용을 작성하여, 그 자리에서 참석자들과 함께 이야기 나눈 구체적인 상황을 메모해 두면 좋다. 이렇게 내용을 확인해 놓으면 실행력도 올릴 수 있고, 분쟁을 최소화할 수도 있다. 당시 상황과 구체적인 정황까지 기억하고 있다면, 더 이상 말을 바꾸거나 책임을 전가하며 발뺌할 수는 없을 것이다.

변덕스러운 사람은 처음부터 변덕의 싹을 잘라버리는 것이 가장 현명하다. 변덕은 결정을 바꿀 수 있는 다른 선택이 존재할 때 생기기 쉽다. 그러므로 아예 나중에 가서 결정을 다른 쪽으로 바꾸지 못하도록 다른 선택을 없애버리는 것이 좋다. "이번 기획안 수요일에 보내주면, 바로 확인하고 목요일 월례회의 때 사장님께 보고드릴 수 있습니다."라고 더 이상의 기한은 없다고 구체적으로 상황을 설명하는 것이다. 얼마든지 시간적인 여유가 있다는 것을 알면 괜히 마음에 동요가 생기고 일의 실행력이 낮아질 수 있다. 그러므로 말을 자주 바꾸는 사람에게는 더 이상 다른 선택이 없다는 것을 알려주는 것이 좋은 방법이다.

(3) 같은 이야기를 자주 반복하는 사람과의 커뮤니케이션

말이 많은 사람들 중에는 종종 같은 이야기를 반복적으로 하는 사람들이 있다. 술을 마신 것도 아닌데, 기억을 못하는 건지, 아니면 알면서도 또 이야기하는 것인지 같은 이야기를 지속적으로 반복하는 사람들이 있다.

이야기를 하는 사람은 잘 모르겠지만, 듣는 사람의 입장에선 그것만큼 곤혹스러운 일도 없다. 그렇다고 "저 번에 그 얘기 하셨는데요."라고 무안을 줄 수도 없다.

따라서 이럴 때는 "또 그 이야기네."라고 생각하며, 그저 참고 듣기보다는 센스 있게 선수를 치는 것이 현명하다. 일단은 들었던 이야기일지라도 초반에는 귀를 기울여 듣다가 맞장구치며 화제를 살짝 돌리는 것이다.

A : "내가 군대에서 일할 때 말이야."

B : "(속으로) 또 군대이야기? 도대체 몇 번째이지?"

"(상대가 기분 상하지 않게 맞장구치면서 화제를 바꾸기) 아 맞아요. 맞아 부장님 해병대 제대하셨다고 했던 것 같은데, 그나저나 어제 월례회의 분위기는 어땠어요? 굉장히 분위기가 좋았다고 하던데요!"

맞장구치며 "맞아요, 맞아. 근데 그때 그건 괜찮았어요?"라고 물어보면서 화제를 살짝 바꾸면, 자연스러우면서도 상대의 기분이 상하지 않는다. 하지만 만약 어찌하다보니 초반에 화제를 바꾸지 못했다면 상대가 이야기를 되도록 빨리 마무리 지을 수 있도록 유도하는 것이 좋다. "그래서 어떻게 됐어요?", "네, 그랬군요. 그래서요?"와 같은 맞장구로 상대가 빨리 이야기를 풀어낼 수 있도록 유도한다.

그렇게까지 했는데도 상대가 만약 시간을 끌며 이야기를 한다면, 시간이 없음을 직접적으로 말하는 것이 좋다. "죄송합니다만, 제가 조금 이따가 또 회의가 있어서요. 조금만 간략하게 말씀해 주시면 안 될까요?"라고 양해를 구하는 것이다. 하지만 이때는 상대의 이야기를 잘 들어주던 상황에서 미안해하며 부탁을 해야 하고, 지겨운 표정으로 듣다가 그만 좀 하라는 식으로 말하면 상대의 기분이 상할 수 있음을 기억해야 한다.

(4) 과장이 심한 사람과의 커뮤니케이션

과장이 심하고 때론 거짓말을 잘하는 사람은 그러한 언행이 잘못인지 모르고 하는 경우가 많다. 그저 습관적으로 거짓말을 하거나 상대의 기대에 부응하기 위해 상황이나 결과를 과장하다 보니 본인도 모르게 그렇게 이야기하게 되는 것이다.

거짓말은 또 다른 거짓말을 낳는다. 한 번 거짓말을 하기 시작하면, 그와 이어지는 이야기들은 다 거짓말이 될 수밖에 없다. 그러다보니 처음부터 끝까지 모두 거짓말이 되기도 한다.

습관적으로 거짓말을 하는 사람은 이야기의 앞 · 뒤를 맞추려면 어쩔 수 없이 거짓말을 해야 한다고 생각할지 모르지만, 그 이야기를 듣는 입장에서는 정말 당황스러운 상황이다. 철석같이 믿고 들었던 이야기인데 나중에 거짓말인 것을 알게 된다면, 그것만큼 배신감이 크게 느껴지는 일도 없을 것이다. 그러므로 기본적으로 말을 할 때 과장이 심하고 거짓말을 자주 섞어하는 사람들은 어느 정도 경계를 하며 그들의 이야기 또한 적당히 믿는 것이 현명할 수 있다.

말의 앞 · 뒤가 맞지 않는 사람과 커뮤니케이션할 때는 차라리 바로 이야기하는 것이 낫다. "어, 저번에 미국 다녀오셨다고 했던 것 같은데, 제가 잘못 들었나요?" 하면서 이야기가 달라진 것에 대해 꼼꼼히 짚고 넘어가는 것이 좋다. 이렇게 해야 상대가 나를 자신의 거짓말을 그저 믿고만 있는 만만한 사람으로 보지 못할 것이고, 기억력이 좋은 나에게는 다음부터 거짓말이나 과장을 하지 말아야겠다고 생각할 것이다.

(5) 낯선 사람과의 커뮤니케이션

낯선 사람과 커뮤니케이션 하려면 먼저 부끄러움을 극복해야 한다. 상대의 지위나 사회적 명성 때문에 주눅이 들 필요는 없다. 상대방도 여러분들처럼 장 · 단점이 있는 평범한 인간이라는 사실을 떠올리면 열등감이나 압박감은 사라진다.

그리고 '예', '아니오'로 대답할 수 있는 질문은 하지 않는 것이 좋다. 커뮤니케이션에 장애 요인이 될 확률이 높고, 커뮤니케이션 연결을 방해하기도 한다.

낯선 사람과 이야기 나눌 때는 상대방의 말을 더욱 주의 깊게 경청해야 한다. 이야기를 잘 들어주는 것은 이야기를 잘하는 만큼 중요하다. 상대가 이야기하는 동안 "그렇군요.", "예.", "정말이네요." 등의 말로 맞장구를 쳐준다면 상대는 더 신나서 이야기에 열중할 것이다. 더불어 낯선 사람과 커뮤니케이션 할 때는 남의 흉을 보거나 상스러운 말을 섞어 쓰거나 비속어 등을 자주 사용하면 상대에게 불쾌감을 줄 수 있고 여러분들에 대한 신뢰도도 떨어질 수 있다.

(6) 말이 너무 많거나 너무 없는 사람과의 커뮤니케이션

상대가 말이 너무 많거나 너무 없으면 커뮤니케이션하기가 힘들어진다. 우선 말이 너무 많은 사람은 할 말이 많다보니 다른 사람의 이야기를 귀담아 듣기보다는 자신의 이야기만 늘어놓는 경우가 많다. 그래서인지 말실수도 상대적으로 잦고, 생각보다 말이 앞서서 상대를 당혹스럽게 할 때도 있다. 또한 다른 사람의 일에 참견하거나 매번 구구절절 상황을 설명하려고 짜증나게 만들 때도 많다.

그렇다고 말이 많은 사람들이 나쁜 의도를 가지고 그러는 것은 아니므로 뭐라고 할 수도 없다. 따라서 말이 너무 많은 사람들과 대화할 때는 그들의 이야기를 전부 믿기보다는, 적절히 걸러들으면서 중요한 상황에서는 나중에 다른 말을 하지 못하도록 계약서나 이메일 등 서면으로 증거를 확보해두는 것이 좋다.

대화를 할 때는 인내심을 가지고 잘 들어주는 것이 가장 좋지만, 그것이 힘들 경우에는 상대의 이야기에 적극적으로 맞장구쳐주면서 정리해 주는 것이 좋다. 상대의 이야기를 다짜고짜 무 자르듯이 자르면 기분이 상할 수도 있으니 주의해야 한다. 상대보다 조금 더 큰 목소리로 적극적으로 동조해 주면서 이야기의 주도권을 가져와 내가 정리하는 것이 좋다.

반면에, 말수가 없는 상대는 내가 적극적으로 대화를 주도해야 하기 때문에, 우선 심적으로 부담이 되는 것은 사실이다. 대답도 "네", "아니오"로 짧게 답할 확률이 커서 원활한 커뮤니케이션이 이루지기가 어렵다. 상대가 말이 적을 때

는 그가 어떤 생각을 가지고 있는지, 어떤 마음 상태인지를 정확히 읽어내기가 어려운 것이 가장 힘들다.

그러므로 말수가 없는 사람과 커뮤니케이션할 때는 이들의 눈빛이나 표정, 제스처와 같은 비언어적 커뮤니케이션에 주목할 필요가 있다. 때에 따라서는 이러한 비언어가 언어보다 더 많은 것을 담아낼 수 있기 때문이다. 특히 시시각각 변하는 얼굴 표정은 숨기기가 어렵다. 굳이 말로 표현하지 않더라도 상대가 기분이 좋지 않거나 부담을 느끼는 순간이라면, 순간적으로 짧게나마 얼굴의 표정에 미세하게 변화가 일어날 것이다. 그것을 놓치지 말고 읽어야만 거기에 맞게 커뮤니케이션을 이끌어 원활한 소통을 할 수 있다. 따라서 이들과 대화할 때는 두 배로 집중해야 한다.

아울러 말수가 적은 사람들과 이야기를 나눌 때 "왜 그렇게 말이 없으세요?"라고 자꾸 부담을 주면 소통이 아예 단절되어버릴 수 있으니 조심해야 한다. 질문을 할 때에도 답변이 길어지는 열린 질문보다는 짧게 대답할 수 있는 닫힌 질문을 던져야 부담을 줄여줄 수 있다. "왜 그렇게 생각하세요?"라는 질문보다 "좋으세요?", "싫으세요?"와 같이 "네", "아니오"로 대답하는 질문이 좋다.

조금 불편하고 답답하더라도 가능한 한 심적인 부담을 주지 말고, 좀 더 대화에 노력을 기울이면서 상대의 비언어적 메시지를 관찰하다보면 상대도 점차 마음의 문을 열고 처음보다 말을 많이 하게 될 것이다. 그렇게 조금씩 신뢰를 쌓다보면 어느 순간 답답했던 벽이 허물어지면서 소통이 원활해짐을 느낄 것이다.

(7) 상대에게 폐를 끼친 상황에서의 커뮤니케이션

상대에게 폐를 끼친 상황이 발생했다면, 우리들은 사죄하고 그 이유를 서술하며 상대가 자신의 마음을 알아주길 바란다. 사죄하고 이유를 말하기 전에 "일부러 그런 게 아니야."라는 말을 한마디 덧붙이면 상대의 불쾌감을 완화시키는데 효과가 있다.

이것은 심리학자 K.A. 더치의 실험으로 증명되었다. 아이들을 두 그룹으로 나누고, 먼저 한 그룹의 아이들에게 그림퍼즐을 하게 했다. 퍼즐이 거의 완성될 즈음에 아이들을 방 밖으로 내보내고, 다른 그룹의 아이들을 방으로 들어오게 했다. 그리고는 거의 완성된 퍼즐을 엉망으로 만들어버리게 한다. 그런 다음 그 이유에 대해 어떤 아이들에게는 '퍼즐을 도우려고 하다가 잘못해서 부서지고 말았다'고 이야기하고, 또 다른 아이들에게는 '일부러 그랬다'고 알렸다. 그러자 '일부러'라고 알게 된 아이들의 불만이 좀처럼 진정되지 않고, 그 후의 행동에도 공격성이 되었다. 똑같이 퍼즐을 엉망으로 만들긴 했지만, 그것이 '일부러'인지 '아닌지'로 아이들의 행동에 확연한 차이가 드러난 것이다.

이 실험에서 밝혀진 것처럼, 사람은 자신이 입은 피해 그 자체보다도 그것이 고의인가 아닌가에 의해 상대에 대한 행동도 변하게 된다. 상대에게 폐를 끼치고 말았다면 "일부러 그런 게 아니에요. 사실은 이런 사정으로…", "악의가 있어서 한 일은 절대 아닙니다. 결과적으로 폐를 끼치게 되고 말았습니다." 하고 우선은 자신이 고의로 상대에게 피해를 준 것이 아니라는 말을 표현한 다음 성실하게 사죄해야 한다. 친한 동료가 여러분의 말에 화가 났을 때에도 마찬가지로, "그런 뜻은 아니었는데 정말 미안합니다.", "미안합니다. 저는 돕는다고 한 일이었는데."라고 진심어린 사과를 해야 한다.

(8) 상대의 의견에 반대할 때의 커뮤니케이션

호의에는 반보성(返報性)이 있다. 사람은 자신의 의견을 찬성해 주는 사람이 좋다. 하지만 의견이나 견해가 다를 때는 아무리 호의의 반보성(返報性)이 있다고 해도 상대가 말하는 것에 무조건 따라갈 수는 없다. 그렇다고 정면에 대고 "반대합니다.", "찬성할 수 없습니다."라고 주장하면, 오히려 상대는 자신의 의견에 점점 더 집착하게 된다. 그럴 경우에는 반감을 사지 않는 커뮤니케이션을 해야 한다.

"과연 그렇군요. 어떤 의미에서는 김대리가 말씀하신 대로네요."라고 돌려 말할 수 있다, '어떤 의미에서는'이라는 말은 '일정의 범위에서는 찬성할 수 있지만, 그 밖의 점에서는 반대이다'라든가 '김대리의 논리를 채용하면 앞 · 뒤가 맞는 것 같지만 다른 논리도 있다'고 하는 뉘앙스도 포함하고 있다. 즉 일단 상대가 말한 것을 받아들인 다음, 실제로는 반대하는 것이다. 그러므로 사용할 때 매우 신중해야 한다.

아무래도 정면에서 반대할 수는 없고, 그렇다고 못 본 척할 수도 없을 경우에만 사용하도록 한다. 따라서 상대의 말에 반대는 반대라도 전면적인 반대가 아니라 조금이라도 긍정할 수 있는 일이 있으면 "○○의 점에서는 김대리가 말한 대로입니다. 하지만 이런 부분은 다시 생각할 여지가 있는 것 같습니다."라는 말을 사용하는 것이 좋다. 커뮤니케이션을 하면서 인간관계의 거리를 줄인 다음 조금씩 의견을 내놓으면 된다. 회사에서 비현실적인 제안을 했을 때, "고객을 최우선으로 생각한다는 점에서는 좋은 것 같군요.", "이론적으로는 좋은데 실제로 적용했을 때는 어떨지 모르겠습니다."라고 말하는 것이다. 어디까지나 반대인 경우는 '어떤 의미에서는 찬성'이라고 하고, 부분 반대인 경우는 '○○ 점은 찬성'이라고 나누어 사용하는 것을 익혀보자.

강조하지만 커뮤니케이션은 내가 어떻게 상황별로 반응을 하느냐에 따라 상대의 모습이 달라지는 쌍방향 소통과정이다. 상황별 탁월한 커뮤니케이션 능력을 가지려면 꾸준히 커뮤니케이션을 연습해야 한다. '아 그렇구나'라고 깨닫기만 하면 절대 실력은 늘지 않는다. 상황별 커뮤니케이션을 스스로 진단해 보고 연습해야지 새로운 상황을 맞이해도 당황하지 않고 탁월한 커뮤니케이션 능력을 보여줄 수 있다.

스스로 정리하기

제9장 상황별 커뮤니케이션 스킬을 배우고 난 후 수업 내용을 한 문장의 자신만의 언어로 표현해 보고, 수업을 통해서 배운 점과 하고 싶었던 질문을 스스로 정리해 봅시다.

✓ 오늘 수업 내용을 한 문장으로 표현한다면 어떻게 할 수 있을까요?

✓ 오늘 수업을 통해서 배운 내용과 하고 싶었던 질문은?

스스로 실천하기

제9장 상황별 커뮤니케이션 스킬을 통해 앞으로 내가 실천하고 싶은 스킬 두 가지 이상을 작성하고, 앞으로 어떻게 실천할 것인지 스스로 정리해 봅시다.

생각해 봅시다

직장을 옮겼다면 전 직장과 비교하는 발언은 금물!

직장을 옮길 때 인사 담당자에게 반드시 받는 질문이 "왜 전에 일하던 회사를 그만두었습니까?"일 것이다.
이직에는 여러 가지 이유가 있다. 직장에의 불만, 가정 사정, 이사로 인한 통근 시간이 길어졌다는 등 사람마다 그 이유는 다르다. 사실은 정직하게 이야기하는 것이 좋지만 "정말 혹독한 회사였어요. 월급은 낮으면서 사람 부리는 것이 거칠고, 잔업도 많은 데다 휴일도 제대로 쉴 수 없었답니다." 등의 감정적인 험담을 하는 것은 절대 금물이다.

"회사에 대해 저런 말밖에 할 수 없다니 조직에 대한 충성심이 낮군."이라고 생각할 것이다. 이런 종류의 질문에는 "지금까지 해 온 일과 제가 하고 싶은 일이 달라졌습니다."와 같이 뭔가가 하고 싶어서 그만두었다는 긍정적인 태도로 시종 일관하는 것이 좋다.

새로운 회사에 입사하여 새로운 근무처에 익숙해지려고 애쓴 나머지, 전에 있던 회사의 결점이나 습관을 우스갯소리로 삼는다거나 험담을 하는 것도 피하는 것이 좋다. 본인은 새로운 회사가 얼마나 좋은지 비교하여 칭찬한다는 의도지만, 부정적인 표현은 결국 그 본인에 대한 인상을 나쁘게 하여 반감을 살 뿐이다. 실제로 지금의 회사가 환경이 좋다고 할지라도, 전에 근무하던 회사와 비교하는 발언은 삼가는 것이 좋다.

–「표현의 달인」 중에서

CHAPTER 10

부하 직원의 커뮤니케이션 스킬

학습목표

- 부하 직원과 상사와의 커뮤니케이션 상황에 따라 알맞은 언어적 메시지를 적용할 수 있다.
- 상사에게 보고할 때의 커뮤니케이션 방법을 설명할 수 있다.
- 직장생활에서 주의해야할 커뮤니케이션 실천방안을 계획할 수 있다.

회사가 잘 돌아가려면 무엇보다 소통이 중요하다. 하지만 신입사원의 경우 많게는 10년 정도의 나이차가 있는 상사를 모셔야 할 때도 많다. 가끔 살아온 과정, 배경, 시대가 다른 직장 상사로부터 마찰이나 의견 차이가 발생한다. 또 젊은 직장인들은 상명 하달식 조직 문화가 답답하게 느껴질 수도 있다. 주도적으로 일을 하고 주체적으로 판단하고 성과를 내고 싶지만, 아직은 그게 아니라고 하는 보수적인 상급자들과의 관계는 좀처럼 유연해지지 않는다.

잘 돌아가지 않는 팀의 내부를 살펴보면, 고리타분한 상사와 개념 없는 부하 직원이 함께 자리하고 있다. 상사의 입장에서는 자신이 맨땅에 헤딩한 것처럼 지금의 자리에 일일이 부딪쳐가며 올라왔으니, 후배도 자신처럼 알아서 일해 주기를 바란다. 그러나 부하 직원의 입장에서는 조금만 선배가 가르쳐주면 혼나지 않고 효율적으로 일할 수 있는데, 가르쳐주지도 않으면서 쓸데없는 일만 시키느냐고 불평이다. 소통의 부재가 원인이 되어 삐걱대는 것이다.

한 여론 조사에 따르면, 직장인들의 80%가 직장 상사와의 마찰 때문에 회사를 그만두고 싶은 충동을 느낀다고 한다. 상사라는 직위의 차이 때문에 발생하게 되는 갈등도 갈등이지만, 나와 맞지 않는 커뮤니케이션 스타일의 사람을 직장 상사로 모셔야할 때 받게 되는 스트레스는 직장생활을 정말 힘들게 만든다.

그렇다면 이러한 마찰을 줄이고 나를 인정받게 할 수 있는 방법은 무엇이 있을지 살펴보자.

1. 인정받는 부하 직원의 커뮤니케이션

(1) 상사의 입장에서 생각해야 한다.

커뮤니케이션은 관계 안에서의 대화이기 때문에, 어느 한 사람만의 일방적인 책임으로 틀어지지 않는다. 소통이 안 되는 것은 서로의 입장에 서보지 않았기 때문이다. '그럴 수 있겠다'는 이해가 우선되어야 한다. 상대의 입장에서 이해가 되어야 상대를 설득할 수 있다. 그렇기에 우리는 소통이 되지 않는다고 답답해하는 것을 멈추고, 상사의 입장에 서보기를 주저하지 말아야 한다. 특히 현장을 잘 모르거나 일 못하는 상사가 자신이 알아서 잘 처리할 수 있는 것인데도 사소한 꼬투리를 잡고, 지시하고 확인하며 감시하는 역할을 한다면 상사의 존재 이유가 납득이 되지 않을 수 있다.

만일에 상사가 자신이 보고 배울 만큼의 대단한 역량을 가지지 못했다는 생각이 들더라도 더 일찍 시작했고, 더 많이 경험했고, 더 많이 걸었고, 더 많은 굴욕을 견뎌낸 경력과 연륜을 인정해야 한다. 그러므로 자신을 위해 상사의 장점을 배우고 단점에서 깨달음을 얻는 것이 중요하다. 몸담은 현재에서 얻는 깨달음이 아무것도 없다면 그것은 매우 위험한 착각이다. 그러므로 지금 자신이 서있는 그곳을 성장의 발판으로 삼아야 한다. 그래야 한 발 더 나아갈 수 있다.

(2) 자세를 낮추고 말을 낮추며 윗사람에게 겸손하게 대해야 한다.

부장님 : "김대리, 이번 프로젝트 정말 잘 처리했어."

김대리 : "무슨 말씀을요, 다 부장님 덕분입니다. 부장님 아니었으면 제가 어떻게 이런 프로젝트를 다 맡아서 했겠습니까!"

많은 직원들이 자신이 똑똑해서 채용되었다고 생각한다. 그래서 자신의 능력을 보여주려는 의욕에 부서의 운영방식과 업무 할당방식, 프로젝트에 접근하는 방식 등 온갖 아이디어와 제안들을 쏟아낸다. 하지만 회사는 직원이 회사에 존경심을 보이기 전에 똑똑한 체를 하는 것을 원하지 않는다. 반드시 기억해야할 것은 먼저 회사와 상사에 대한 신임부터 쌓아 없어서는 안 될 존재가 되면 여러분의 의견과 제안의 말을 경청하고 지지해 줄 것이다.

나이 든 사람들은 사람의 됨됨이를 평가할 때 가장 우선으로 삼는 것이 겸손함이다. 아무리 능력이 뛰어난 사람이라도 윗사람을 윗사람답게 대하고, 접근하는 방법을 모르는 부하 직원에게는 정을 주지 않는다. 자신을 낮추는 말 한마디, 겸손한 말 한마디를 아끼지 않는 부하 직원, 곧 상사로부터 인정받고 자기 자신의 가치를 높일 줄 아는 현명한 사람이 필요하다. 그래서 겸손할 줄 아는 사람이야말로 자신을 다른 사람으로 하여금 높이 평가하도록 만드는 사람이 되어야 한다는 것을 알아야 한다.

(3) 상사의 체면과 권위를 살리는 부하 직원이 되어야 한다.

사장님 : "김대리가 이번 프로젝트 끝까지 맡아서 처리했지?"

김대리 : "네, 그렇습니다. 사장님."

사장님 : "이번 프로젝트 아주 훌륭해! 정말 고생 많았네."

김대리 : "아닙니다. 고생은 저희 부장님이 더 많이 하셨어요. 저야 부장님께 배운 대로 일한 것 외에는 없습니다."

이렇게 이야기한다고 해서 그 사람의 공이 사라지는 것은 아니다. 상사는 누가 그 제안을 했는지 알고 있으므로, 여러분에게 빚을 졌다고 생각한다. 상사의 자존심과 권위를 지켜줄 수 있는 직원이, 자신의 자존심과 존재를 인정받을 수 있는 사람이다. 상사와 의견이 대립되는 경우에 공개석상에서 상사와 대립하는 사람은 어리석은 사람이다. 설사 상사에게 잘못이 있다고 할지라도 공개적인 석상에서 상사의 자존심과 권위를 망치는 사람은 대인관계를 조율할 줄 모르는 사람인 것이다.

(4) 책임감과 성실함을 보이도록 한다.

부장님 : "김대리, 어제 그렇게 술을 먹고도 괜찮은가? 나는 자네가 오늘 지각이라도 할 줄 알았네."

김대리 : "업무 때문에 고객사와 마신 술도 아니고, 저희끼리 기분 좋아 마신 술로 늦으면 큰일이죠. 일은 일 아닙니까?"

사람이 가장 상대를 신뢰하고 믿을 수 있게 되는 것은, 그에게서 성실함과 책임감을 보았을 때이다. 그러므로 상사를 대할 때 자신이 성실함과 책임감을 모두 보일 수 있는 사람이 되어야 한다.

(5) '네'라고 대답할 수 있어야 한다.

- "알겠습니다.", "그럼요."
- "다음주 화요일까지 해도 된다면 제가 하고 싶습니다."
- "할 수 있다.", "해보겠다."

회사에서 어려운 프로젝트를 시작하려고 사람을 선발할 때 그 사람의 성향을 알 수가 있다. 크게 세 가지 유형으로 나눌 수 있는데, 첫 번째 유형은 '거부하는 유형'이다. 이런 사람들은 새로운 업무에 대한 말을 듣자마자 추가업무에 대한 부담감, 귀찮음, 야근 등을 떠올린다. 그래서 '현재 하고 있는 일이 많다', '그 일은 내가 감당하기가 어렵다' 등등의 핑계를 대며 방어태세를 취하고, 어떤 경우에는 단칼에 거부하기도 한다. 그리고 자신에게 조금이라도 불리하거나 손해라고 생각되면 따지기를 잘한다. 두 번째 유형은 '상사가 시키니까 마지못해 해보겠다고 하는 유형'이다. 이런 사람은 업무에 대한 열의나 책임감이 부족하다보니 창의력 있는 업무 결과를 내지 못한다. 세 번째 유형은 '자신은 없지만 한 번 해 보겠다'는 유형이다. 그리고 궁금한 점을 묻고, 자기가 할 수 있는 일을 먼저 생각한다. 그렇다면 자신은 어떤 성향의 사람인가?

상사가 여러분에게 업무 협조를 요청하면 무슨 일이든 웃으며 "알겠습니다.", "그럼요."라고 대답하는 것이 좋다. 여러분들에게 프로젝트나 업무가 던져진 순간, 그 일을 잡을 준비가 되어있어야 한다. 절대로 "저요? 지금 하는 일도 너무 벅찬데…"라거나 "네, 하지만 제가 맡은 일이 언제 끝날지는 모르겠네요."라고 말하면 안 된다. 'No'라는 말이나 머뭇거림은 어떠한 이유가 있더라도 호감도를 떨어뜨릴 수 있다. 자신이 원하지 않는 일이라고 해서 거절하면, 나중에 정말 원하는 일을 얻기가 힘들다. 도무지 시간을 낼 수 없을 만큼 바쁘다면, 간단하게 대답하자. "정말 돕고 싶지만, 마감기한이 급한 보고서가 있어서 지금은 도저히 시간이 나질 않습니다."라고 말한 뒤, 그리고 플래너를 펴들고 언제쯤 시간을 낼 수 있는지 확인한 뒤 "다음주 화요일 열 시쯤엔 시간이 될 것 같습니다. 괜찮으실까요?"라고 묻는다.

추가적인 업무를 처리하려면 효과적인 업무 계획과 정리하는 능력이 반드시 필요하다. 그래서 감당하지 못한 일을 맡아서 기한을 못 맞추거나 일을 망쳐서는 곤란하다. 그러므로 "다음주 화요일까지 해도 된다면 제가 하고 싶습니다."라고 말하면 된다. 너무 시급한 업무여서 하지 못하게 되더라도 자신의 의도는 상사에게 충분히 전달된다.

현재 다른 직원들에 비해 더 많이, 더 오래 일한다고 해서 상심하지 마라. 다른 사람들이 어떻게 일하건 그것은 그들의 선택이고, 그에 대한 결과 또한 그들의 몫이다. 남들이 뭐라고 하건 자신의 행동은 나중에 충분히 보상받을 것이다. 그때는 단체에서 눈에 띄게 되고 경쟁자를 물리치며 앞서 나갈 수 있다. "Yes"라고 하며 기꺼이 해주는 사람과 머뭇거리는 사람을 대하는 상사의 마음은 전혀 다르다. 먼저 "할 수 있다.", "해보겠다."라고 말하는 것이 중요하다.

(6) 자신의 잘못을 변명하려 하지 말아야 한다.

- "무슨 이야기인지 알겠습니다. 어떻게 생각하고 있는지 말씀해 주셔서 고맙습니다. 저도 알아보겠습니다. 다음에 다시 이야기해도 될까요? 혹시 또 다른 것이 있나요?"

직장생활을 하다보면 다른 사람과 마찰을 빚을 때가 있다. 이때 기억해야 할 것은 상사는 누가 옳고 그른가에는 별로 관심을 두지 않는다는 사실이다. 그들은 누가 그 상황에 적절하게 대처했고 누가 그러지 못했는가를 눈여겨본다. 불편하고 격양된 분위기를 해소하는 가장 좋은 방법은 최대한 간단하게 상황을 설명하고 냉정을 유지하는 것이다. 흥분해서 따지거나 변명하지 말고, 가능한 한 침착하게 상대의 이야기를 들어주면서 자신을 변호하려는 유혹을 자제해야 한다. 이 기술을 익히면 불편한 상황에서 빨리 빠져나올 수 있을 뿐만 아니라, 회사의 기대주로 주목받을 확률도 커진다. 어려운 상황을 쉽고 효율적으로 대처하는 직원을 마다할 회사가 어디 있겠는가?

감정적으로 대응하거나 변명하거나 흥분하지 않으면, 감정이 격양되는 것을 막을 수 있다. 먼저 감정을 추스른 사람이 그 상황에 주도권을 쥐게 되며 상황에 차분히 대처한다는 인상을 준다. 상대가 여러분보다 높은 자리에 있는 사람이라도 여러분이 침착할수록 상황을 리드할 수 있게 된다.

자신의 행동을 변명하려는 유혹을 뿌리치면, 제기된 문제의 정황에만 집중할 수 있다. 그리고 침착하고 이성적인 판단으로 올바른 대처 방안을 모색할 수 있다. 이런 방법은 문제에 감정적으로 반응하는 것을 자제하고 사려 깊은 대안을 생각해 내는데 도움을 준다. 중요한 것은 문제를 빨리 해결하는 게 아니라 효율적으로 처리하는 것이다. 상사 또한 이 중요성을 잘 알고 있다.

2. 상사에게 보고할 때의 커뮤니케이션

직장에서 업무처리 결과도 중요하지만 과정 또한 결과 못지않게 중요하다. 일의 준비 과정도 직장 상사의 눈에는 하나의 평가 자료로 활용되기 때문이다. 특히 기업의 활동이나 직장 내의 보고서는 중요한 업무를 처리하는 과정이다. 따라서 보고를 얼마나 잘 하느냐에 따라 그 사람에 대한 인식이 달라지게 된다. 상사로부터 명령을 받거나 지시된 업무가 완료되었을 때는 그 결과를 상사에게 반드시 보고해야 한다. 보고할 때에는 다음과 같은 주의할 사항이 있다.

첫째, 업무를 맡은 본인이 직접 상사에게 보고해야 한다. 간접적으로 보고를 부탁하거나 상사에게 이야기하지 않고 결재 서류만 올려놓는 경우, 중대한 실수나 업무의 차질을 불러일으킬 수도 있기 때문이다,

둘째, 보고할 때는 명령한 내용을 실행한 대로 솔직하게 보고 해야 한다. 일의 성공 여부에 관계없이 업무를 충실히 이행했는지, 이행하지 않았는지에 대한 보고가 성실하게 이루어져야 상사로부터 신임을 얻을 수 있다.

셋째, 일의 타이밍을 맞출 줄 알아야 한다. 일이 끝나는 즉시 자세하게 보고하는 것이 기본이다. 상사는 일의 결과를 빨리 알아야 다른 업무를 추진하고 상부에 보고를 할 수 있으므로, 상사가 항상 일의 보고를 기다리고 있다는 것을 잊지 말아야 한다. 재촉 받아서 하는 보고는 신임을 얻을 수가 없으며, 실수가 있을 경우 크게 꾸지람을 듣기가 쉽다. 그러므로 적절한 때에 알맞은 타이밍을 맞추어 보고할 줄 아는 것 또한 기술이다.

넷째, 보고의 순서는 나쁜 결과를 먼저 말하고, 좋은 결과는 그 다음에 한다. 나쁜 것을 먼저 보고해야 그것에 대한 해결 방안을 짜고 대응할 수 있다. 만약 일이 잘못되거나 문제점이 발생했을 경우 빠르게 대처할 수 있도록 말이다. 상사에게 나쁜 결과를 먼저 보고하고, 잘된 보고서 또는 좋은 결과는 그 다음에 하는 것이 지혜이다.

다섯째, 보고는 결론부터 간단하게, 그런 후 이유와 업무처리 과정, 의견을 이야기한다. 즉 보고의 순서는 결론을 먼저 이야기해야 한다. 상사가 가장 궁금해 하는 것은 일의 결론이지, 일이 어떻게 처리되어 왔는지, 그 사람이 어떤 고생을 했는지는 그 다음에 생각할 문제이다. 먼저 결과를 보고한 다음, 그리고 일이 왜 이렇게 결과를 맺게 되었는지에 관한 이유를 설명해야 한다. 그 후에 일처리 과정을 설명한 다음에 이 문제에 대한 의견이나 문제점을 지적하는 것이 보고의 순서이다.

여섯째, 보고할 때 숫자를 상사에게 납득시켜야 하는 경우가 있다. 이럴 때는 비교 수치를 제시하여 말하면 이 숫자가 어느 정도의 의미를 가지고 있는가를 효과적으로 알려줄 수 있다. 상사가 수치 비교를 통해 논리적으로 생각이 가능하며, 내가 상사를 설득할 때 효과적으로 이용할 수 있다. 또 숫자를 곱하거나 나누어서 제시하면 상사를 설득하는데 효과를 볼 수가 있다. 숫자를 크게 보이게 하고 싶다면 곱하고, 작게 보이게 하고 싶으면 나누면 된다. 예를 들면, 잡지나 신문에서 '농민들이 연간 벌어들이는 수익이 50억 원인데, 피해액은 10년간 벌어들이는 수입보다도 더 큰 규모가 될 것으로 보인다'는 글을 보면 숫자가 크게 보인다. 반대로 작게 느끼게 하려면 '1년 정기구독료가 6만 원이라고 한다면, 한 달에 5천 원이나 일주일에 1,200원 정도다'라고 제시한다. 결과는 같지만 듣는 편에서는 훨씬 싸다고 느낄 수 있다. 성공한 사람들의 경우 데이터에 대한 정확한 정보를 쌓는다. 성공을 잡으려면 자기 분야에 대한 정확한 정보를 수집해서 보고해야 한다.

일곱째, 상사에게 보고하러 가기 전 요점을 따로 메모해두는 것이 좋다. 메모도 업무의 일부이다. 업무보고는 결론과 그 결론에 이르기까지의 과정을 미리 정리한 뒤에 해야 하기 때문이다. 일과 관련된 보고는 장황하지 않은 것이 좋다. 도대체 무슨 말인지 요점 파악이 어렵고, 설명인지 변명인지 알 수 없는 말들을 뒤죽박죽 늘어놓는다면 당장 상사의 목소리가 높아질 수밖에 없다. 이런 불상사를 겪지 않으려면 철저하게 준비해야 한다, 대충 감에 의지해 일을 처리하지 말고, 상사에게 보고하러 가기 전 요점을 메모해두도록 해야 한다.

신입사원이 부서 배치를 받았을 때 가장 먼저 파악해야 할 일이 바로 소속 부원들의 스케줄을 알아두는 것이다. 누가 무슨 일로 어느 거래처에 갔는지, 또 누가 어디로 출장을 가서 언제 돌아오는지 등의 스케줄을 정확히 파악하여 메모하면 그만큼 사람들을 대하기가 수월해진다. 담당자가 부재중이거나 출장을 갔을 때 업무상 급히 의논해야 할 일이 생길 수도 있으므로, 그러한 경우를 대비하여 소재를 정확히 알릴 수 있도록 준비한다.

3. 직장생활에서 주의해야 할 커뮤니케이션

(1) 새로운 상사를 맞으면 어떠한 조언, 의견도 삼가고 적극적으로 협조한다.

새로운 상사를 맞으면 낯선 사람이 침입했다는 느낌을 갖기 쉽다. 직원들은 어색해 하면서 먼저 다가가지 못하고, 상사가 그의 편으로 자신들을 끌어들일 때까지 기다린다. 그러나 이런 태도는 자신의 커리어를 관리하는데 극히 불리하다. 앞으로도 계속 성공적인 직장생활을 하고 싶다면 하루라도 빨리 새로운 상사와 잘 지내도록 해야 한다.

직원들은 지금껏 자신들이 해오던 방식에 새로 부임한 상사가 적응하길 바란다. 하지만 그런 일은 일어나지 않는다. 오히려 자신이 그의 방식에 적응하고 변화하여 맞추어야 한다.

기존의 방식을 전혀 바꾸지 않는 상사는 없다. 새로 팀을 맡은 상사는 대개 의욕이 넘쳐, 팀원들에게 익숙한 모든 것을 가능한 한 빨리 쇄신하려고 한다. 그것에 대해 투덜대지 않아야 한다. 상사가 쉽고 빠르게 업무를 인수할 수 있도록 돕고, 그가 시도하는 변화에 협조하는 것이 좋다. 좋은 방법은 새로 부임한 상사와 '업무 방식'을 의논하는 정기적인 미팅을 갖는 것이다. 미팅 때마다 현재 업무 방식의 각 단계를 검토하고, 새로운 지시사항은 곧바로 적용한다.

상사가 새로운 업무 방식을 팀에 정착시키는데 최대한 협조하도록 해야 한다. 물론 기존에 하던 방식을 새로운 상사의 방식에 맞춰 바꾸는 것은 결코 쉽지 않다. 하지만 가능한 한 빠르고 원활하게 상사에게 맞추어 일하는 것이 직원들의 의무이다. 부하 직원이 먼저 다가가 상사를 환영하고, 부정적인 동료나 후배 직원들이 있다면 나서서 다독여야 한다.

하지만 새로 부임한 상사에게 정보나 도움을 줄 때 직원들이 빠지기 쉬운 함정이 있다. 업무가 어떤 식으로 진행되고, 정책이 무엇이며, 어떤 소문이 도는지 등등 갖가지 조언을 하려 드는 것이다. 절대로 그러면 안 된다. 어떠한 조언도, 어떤 의견도 삼가고 그냥 협조하는 것이 좋다. 만약 상사가 여러분의 의견이나 조언을 듣고 싶어 한다면, 상사가 여러분을 신뢰하기 시작했다는 좋은 징조이다. 그래도 이럴 때 부정적인 말이나 개인적인 의견은 배제하고 사실만을 말해야 한다. 상사가 그것들을 바탕으로 스스로 결론을 내리도록 해야 한다. 상사는 여러분의 충성도를 시험하기 위해, 혹은 회사나 팀원들에 대한 본심을 알고 싶어서 낚싯밥을 던진 것일 수도 있다. 상사는 여러분의 절친한 친구가 아니라는 점을 잊지 말아야 한다.

새로운 상사의 신뢰를 얻는 것은 좋은 일이다. 관리자는 새로운 팀을 맡을 때 좀 더 쉽고 편안하게 업무를 시작할 수 있도록 협조한 직원을 쉽게 잊지 못한다.

(2) 직장에서 자신의 사생활 이야기는 위험하다.

현대의 직장인들은 회사에서 많은 시간을 보내기 때문에 직장생활과 사생활을 구분하기가 어렵다. 마치 직장 동료들이 또 다른 가족처럼 느껴지는 것이다. 하지만 지금껏 노력해 온 것을 일시에 무너뜨리지 않으려면, 누구에게 무엇을 얼마만큼 이야기해야 할지 조심스럽게 수위를 조절해야 한다. 동료에게 자신의 사생활을 이야기하고 있는 그대로의 모습을 보여주는 것이 문제가 될 수 있다는 사실에 의아해 할 수도 있다. 실제로 많은 직장인들이 자녀의 교육 문제며, 질병이나 개인사, 하다못해 자신의 이혼 사실과 경제적인 어려움까지 직장 동료와 공유한다. 하지만 이러한 이야기는 부적절할 뿐만 아니라, 자신의 입지를 약화시킬 수도 있다.

상사들은 부하 직원 중 누구를 신뢰하고 누구에게 주요 프로젝트를 맡기는가 하는 선택은 곧 자신의 사활을 거는 일이다. 상사의 성공은 얼마나 효율적으로 업무를 위임했는가에 달려있기 때문이다. 사생활로 쩔쩔 매는 사람에게 자신의 운명을 맡기는 위험한 행동은 하지 않는다. 많은 회사가 직원들의 개인사에 협조하려 노력하고, 어느 정도까지는 직원들의 편의를 봐주려고 한다. 하지만 어디까지나 한계가 있다. 이런 드러나지 않는 한계를 알아채지 못하는 직원들은 도를 넘는 사생활 이야기로 위기를 맞게 된다. 회사는 여러분이 직장에서 회사일과 개인적인 일을 혼동하는 모습을 보이면, 상사는 매우 불편해 하는 것이 사실이다.

업무 스케줄에 지장을 주거나 결근을 해야만 하는 상황처럼, 반드시 회사에 알려야 하는 상황들이 있다. 회사에 부담을 주지 않고 이러한 개인적인 상황을 알아야 할 사람은 오직 여러분의 상사뿐이다. 그러므로 상사에게만 이야기하면 된다. 상사가 여러분 대신에 인력개발팀과 그 밖에 이 사실을 알아야 할 팀원들에게 이야기할 것이다. 이때 회사 일을 원활하게 진행하는데 꼭 필요한 사람만 짧게 업무적으로 이야기 나누도록 해야 한다. 그리고 문제가 해결되기까지 필요한 기간과 그로 인해 생기는 업무 스케줄의 변화를 반드시 보고해야 한다. 이 기간 동안 업무가 보다 원활하게 진행될 수 있도록 여러분이 도울 수 있는 일이 무엇인지 물어야 한다. 상사는 업무 스케줄이나 업무 현황표를 가져오기를 지시하거나, 몇몇 주요 업무를 팀원들에게 인수인계하라고 지시할 수도 있다. 이때 현재의 상황을 잘 컨트롤하고 있고, 빨리 해결할 수 있다는 믿음을 주어야 한다.

업무 스케줄이나 마감 기한에 영향을 미치는 사안은 가능한 분명하고 정확하게 보고해야 한다. 상사 외에 다른 사람과는 이러한 일을 의논하지 않는 것이 좋다. 문제가 조용하게 해결될수록 여러분이 상황을 매우 현명하게 해결한다는 인상을 줄 수 있다. 현재 처한 개인적인 일들이 해결되지 않아 일에 집중할 수 없더라도, 회사에는 모든 일을 잘 처리하고 있다는 모습을 보여야 한다. 모든 문제가 해결된 후에도 자신에게는 지금의 직장이 필요하기 때문이다.

(3) 입이 가벼운 사람이 되지 않는다.

다른 직원이나 상사 또는 회사에 대한 소문을 재미삼아 남에게 옮기는 수가 있다. 하지만 이런 행동은 여러분에 대한 불신으로 이어지며, 한 번 생긴 불신은 회사를 다니는 내내 따라 다닌다. 커피자판기 앞에서 자신이 누군가와 이야기를 나누면, 사람들은 자연스럽게 다른 사람 흉을 보고 있다고 단정해 버릴 수도 있다. 그리고 당연히 그 대상이 자신일 수도 있다고 생각한다. 이렇듯 소문은 불신을 낳는다.

소문은 빠르게 퍼진다. 소문의 당사자에게 그 말이 들어가면, 그는 누가 퍼뜨렸는지 추측하려 한다. 그리고 자신이 입이 가벼운 사람으로 각인되어 있다면, 여러분은 자연스럽게 용의자 명단에 오르고, 숨은 적을 하나 만드는 셈이 된다. 만약 다른 직원이 여러분에게서 들은 이야기라면서 소문을 내고 다니면, 실제로 이야기한 적이 없다 해도 사람들은 별 의심 없이 그의 말을 믿는다. 만약 그 소문이 악의적인 내용이라면 꼼짝없이 당하게 된다. 소문은 자신의 입지를 위태롭게 만들어 버린다.

만약 자신이 이미 수다쟁이로, 입이 가벼운 사람으로 인식되어있다면 당장 두 가지 조치를 취해야 한다.

첫째, 자신과 정보를 공유하던 무리에서 나와야 한다. 절대로 그들과 섞여 있는 모습을 보여서는 안 된다. 말 한마디 없이 듣고만 있더라도, 그 자리에 있는 것만으로 관리자는 당신이 소문을 퍼뜨리고 있다고 생각할 것이다.

둘째, 무슨 말을 듣던지 절대 옮겨서는 안 된다. 수다쟁이들의 무리에서 자신을 제외시킬 수 있는 모든 방법을 강구해야 한다. 필요하다면 그냥 그 자리에서 나오는 것도 방법이 된다. 그들이 자신을 따돌리더라도 걱정하지 않아도 된다. 여러분은 신뢰받는 직원으로서 성공하길 원하는가, 아니면 그들 친구로 남아 남들에 대한 최근의 소식을 듣는데 만족하는 직원으로 남길 바라는가. 회사는 관리자에게 공개되는 정보를 지키기에 너무 가볍다고 판단되면, 뛰어난 업무처리 능력을 가지고 있다 해도 승진에서 누락시킬 수도 있다.

(4) 자존심이 강한 상사는 말 한마디에도 매우 민감하다.

자존심이 강한 사람들은 자신을 탓하거나 무시한다는 느낌이 들면 참지 않는다. 특히 자존심이 강한 상사는 언어적 표현에 매우 민감하게 반응한다. 부하 직원은 별생각 없이 던진 한마디에도 난리가 날 수 있다. "이해가 잘 안될 수도 있는데", "그게 아니라니까요", "뭘 잘 모르시는 것 같은데"와 같은 표현들은 자존심 강한 사람들에게는 치명타이다. 이런 말 한마디로 커뮤니케이션이 아예 단절될 수도 있으니 절대 삼가야 한다.

대신에 상사가 잘 모르는 것 같아도 일단 상사를 높여주며 "이미 잘 아시겠지만", "잘하고 계시지만", "이해를 잘 하셨겠지만 다시 한 번 설명 드리자면" 식으로 바꿔 한 번 더 이야기해 주는 것이 현명하다. 그러면 상사는 비록 그동안 잘못하고 있거나 전혀 모르는 내용일지라도 아는 듯이 고개를 끄덕이며 경청할 것이다.

같은 메시지라도 어떻게 전달하느냐에 따라 상사가 받아들이는 느낌은 전혀 다르다는 점을 명심하고, 늘 상사에게나 직장 동료에게 더욱 커뮤니케이션을 하는데 신경을 쓰도록 해야 한다.

스스로 정리하기

제10장 인정받는 부하 직원의 커뮤니케이션 스킬을 배우고 난 후 수업 내용을 한 문장의 자신만의 언어로 표현해 보고, 수업을 통해서 배운 점과 하고 싶었던 질문을 스스로 정리해 봅시다.

✓ 오늘 수업 내용을 한 문장으로 표현한다면 어떻게 할 수 있을까요?

✓ 오늘 수업을 통해서 배운 내용과 하고 싶었던 질문은?

스스로 실천하기

제10장 인정받는 부하 직원의 커뮤니케이션 스킬을 통해, 앞으로 내가 부하 직원으로 실천하고 싶은 스킬 3가지 이상을 작성하고 앞으로 어떻게 실천할 것인지 스스로 정리해 봅시다.

생각해 봅시다

성공하는 샐러리맨의 8가지 특성

- 술자리 매너가 좋다.
- 상사 앞에서도 정중히 빈론을 제기한다.
- 무슨 일이든 뒤끝을 남기지 않는다.
- 돈을 쓸 땐 화끈하게 쓸 줄도 안다.
- 자기 일도 열심히 하지만, 남의 일에도 기꺼이 협력한다.
- 항상 태도가 밝다.
- 남의 장점을 찾아낼 줄 안다.
- 지나간 일에 연연하지 않는다.

–「성공한 1% 리더들의 고품격 대화」 중에서

PART ❷

자기계발

성공의 차이를 만드는
의사소통과 자기계발

CHAPTER 01

자기계발의 중요성

학습목표

- 나의 삶의 가치를 정할 수 있다.
- 나의 사명과 비전을 수립할 수 있다.
- 나만의 꿈 목록을 완성할 수 있다.

꿈을 꾸고, 꿈을 가지고 있다고 해서 누구나 꿈을 이룰 수 있는 것은 아니다. 자신이 꾸는 꿈을 어떻게 관리하고 가꾸어 나가느냐에 따라서 꿈을 이룰 수도 있고 이루지 못할 수도 있다. 그렇다면 꿈을 이루기 위해서는 어떻게 관리해야 할까?

꿈을 이룬 사람들을 만나 대화를 나눠보면 그들에게 많은 공통점이 있다는 것을 눈치 챌 수 있다. 그들은 모두 가만히 앉아 꿈만 꾸고 있었던 것이 아니라, 끊임없이 자기와 싸우며 자신을 엄격하게 관리하고 있었다. 또한 꿈을 경영하는 자신만의 방법과 노하우를 가지고 있었던 사람들이다.

그것은 바로 선택과 집중이다. 자신이 하고자 하는 일과 직업을 신중하게 생각한 후에 선택하고, 그 일에만 집중할 수 있도록 모든 생활을 재정비하는 것이다. 꿈을 향해 계속 정진하다보면 관리의 필요성을 느끼게 된다.

이번 PART 2에서는 자기계발을 하는데 도움을 주는 내용을 전달하고자 한다. 꿈을 이루는 과정은 즐겁기도 하지만 고되기도 하기 때문에 조금만 자기관리, 시간 관리, 환경 관리 등을 소홀히 하면 금방 무너질 수 있다. 꾸준한 자기계발은 꿈을 찾아가는 긴 여정에서 매우 중요하다는 것을 잊지 말아야 한다.

1. 삶의 가치

모든 사람들은 똑같이 건강, 돈, 인기, 여가 등을 원하는 것처럼 보인다. 그러나 실제 사람들이 바라는 것은 더 다양하고 또한 바라는 것의 내용도 사람마다 다르다. 자신의 삶에서 스스로 애써서 얻으려 하는 것, 위험을 감수할 만한 것, 수년 심지어는 평생을 바칠 만한 것을 생애 가치라고 한다. 가치관은 자신의 삶을 지배하는 원칙으로, 사람이 자기를 포함한 세계나 그 속의 사상(事象)에 대해 가지는 평가의 근본적인 태도를 말한다.

가치관은 사람들에게 어떤 방식으로 행동을 하거나 사고를 하게 하는 원리로 작용하고 다양한 상황 속에서 판단하거나 행동하는 결정을 이끌어내는 신념으로 작용하기도 한다. 이러한 가치관은 사람이 성장하는 과정에서 경험이나 학습에 의해 형성된다. 조금 더 쉽게 표현하면 가치관이란 가치를 매긴 우선순위이다. 사랑과 우정 가운데 어느 하나를 골라야 할 때 자신의 가치체계인 가치관이 기준이 된다.

인생을 설계할 때 자신이 추구하는 가치관은 매우 중요한 기준이 된다. 진정으로 원하는 것을 알고, 모든 정열을 쏟아 온 힘을 다해 헌신하는 일에서 불행감을 느끼는 사람은 없다. 그러나 많은 사람들이 만족감이나 실질적인 행복을 가져오지 못하는 지위, 권력, 돈을 좇는데 삶을 허비한다. 성공의 상징으로 여겨지는 것들 중에서 온 마음을 다해 평생 동안 시간, 정열, 자존심을 쏟을 가치가 있는 것은 거의 없다. 자신이 무엇을 추구하고 있는가를 아는 것도 중요하지만, 무엇을 추구하고 있는가 그 자체의 내용도 중요하다. 즉 만족한 삶을 살기 위해서는 자신이 어떤 삶을 살아가기를 원하는지 알아야 하고, 그 원하는 삶의 내용이 외부세계로부터 온 것이 아니라 자신의 내면세계에서 찾은 것이어야 한다. 자신의 내면의 소리에 귀를 기울이고, 자기를 좇아 행동할 때 풍성한 삶을 경험할 수가 있다.

오늘날과 같이 급격하게 변화하는 사회에서는 자신이 추구하는 가치를 통한 명확한 가치관을 갖는 것이 중요하다. 빠른 변화 속에서 자신의 분명한 가치관을 갖지 못할 때 가치관의 혼란 사태를 경험하게 된다. 이와 같은 가치관 혼란 사태가 반복되면 우리들이 중요시 여기는 전통적인 가치관이 무력화되고 도덕적 가치 기준의 발달에 실패하게 되며, 이는 곧 타율적 인간으로 성장하는 근본적인 원인이 된다.

(1) 내적 욕구와 외적 욕구

어떤 것을 하고자 하는 동기는 우리의 기본 욕구에서 생긴다. 욕구는 우리 삶의 원동력이 되고, 에너지를 집중시킬 목표, 목적, 의미를 제공한다. 그러나 때로는 서로 경쟁하는 동기들을 갖게 되어 혼란과 마음의 동요를 경험하게 된다. 즉 어떤 한 가지에 일관되고 지속적으로 몰두하며 따라가는 것이 어려워진다. 어떤 면에서 삶이란 외부세계에 관여하고 그 속에서 노력함으로써 내적 욕구를 충족시키는 여정이다. 인간에게 중요한 내적 욕구에는 삶 속에서 의미를 찾고 이해하고자 하는 욕구, 환경을 통제하고 능력을 발휘하고자 하는 욕구, 정서적으로 지속적이고 만족스러운 관계를 맺고자 하는 욕구 등이 포함된다.

내적 욕구 충족을 위해 외부세계에 참여하면서 또 다른 유형의 외적 욕구를 느끼게 되는데 물리적 욕구, 힘의 욕구, 탐색의 욕구 등이 있다. 이러한 욕구는 일상 속에서 실천하고자 하는 목표와 동기를 이끌어 낸다. 대부분의 사람들은 이러한 욕구의 충족을 당연한 것으로 여기지만, 어떤 위험에 처하게 되면 그 중요성을 의식하게 된다. 또한 이러한 욕구가 충족되지 않을 때 우리는 불만족스럽고 불안하며 억압되는 느낌을 갖게 된다.

① 매슬로우의 욕구 5단계 이론

매슬로우는 인간의 동기가 작용하는 양상을 설명하기 위해 동기를 5단계로 구분했다. 인간은 모두 공통된 욕구를 가지고 있으며, 이 욕구들은 위계가 있어서 하위 욕구가 충족되어야만 상위계층의 욕구가 나타난다.

기본 전제는 첫째, 인간의 건강한 면을 강조하고 환자가 아닌 건강한 사람들의 성격을 연구하였다. 둘째, 인간은 자신의 잠재력을 발달 · 성장시키고 완성할 수 있는 본능적 욕구를 가지고 태어났다. 셋째, 인간은 건강 · 창의성 · 통찰 · 자아 충만과 같은 상위 수준을 향하고자 하는 내적 경향성을 지녔다.

따라서 직업을 선택하고 진로를 결정하는데 있어서도 기본적인 생리적 욕구가 만족되지 않으면 상위 욕구인 안전 욕구나 소속의 욕구를 충족할 수 없으며, 자아실현의 욕구까지 추구하기는 더욱 어려워진다. 인간의 동기를 설명하는 기본적이고 보편적인 모형을 제시했다는 점에서 큰 의의가 있다.

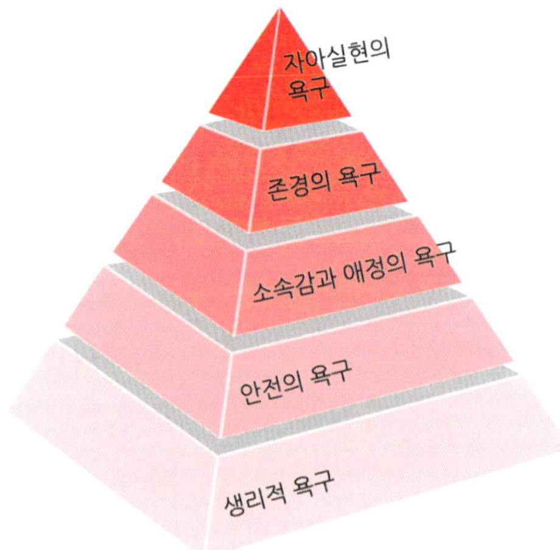

자료 : 황매향 · 김연진 · 이승구 · 전방연, 진로탐색과 생애설계, 학지사의 내용을 재구성.

그림 8 매슬로우의 인간의 욕구 5단계

- 생리적 욕구 : 생존을 위한 필요사항들로 다른 욕구의 가장 기본이 되는 욕구, 생존에 필수적인 것을 충분히 취하고 싶은 욕구
- 안전의 욕구 : 안전 · 질서 · 안정성을 보장받고자 하는 욕구, 외부(위험)로

부터 자신을 보호하고자 하는 욕구

- 소속의 욕구 : 소속되고 사랑을 주고받기를 원하는 욕구, 소속되어 타인들과 사귀고 사랑하고(받고) 싶은 욕구
- 존중의 욕구 : 자신으로부터의 존중과 타인으로부터 존중과 인정을 받고 싶은 욕구, 명예 · 명성 · 타인으로부터 인정받고 싶은 욕구
- 자아실현의 욕구 : 자신의 모든 잠재력과 능력을 인식하고 충족하고자 하는 욕구, 자신의 잠재적 역량을 발휘하여 최고가 되고자 하는 욕구

매슬로우의 욕구 5단계 이론의 한계점으로는 첫째, 낮은 수준의 욕구는 만족과 중요도를 측정했을 때 만족이 증가함에 따라 해당 욕구의 중요성이 낮아질 수 있다는 점이다. 둘째, 개인의 욕구는 욕구가 발현되는 다양한 상황에서 끊임없이 변화하여 나타나고, 때로는 각 욕구가 상호작용하거나 한 번에 두 개 이상의 욕구가 동시에 나타나기도 한다.

매슬로우의 이론은 각 욕구 간의 상호 연관성을 설명하지 못한다는 점에서 한계가 있다.

표 9 매슬로우의 욕구 5단계 의미

욕구 5단계		의 미
1단계	생리적 욕구	개인적 / 재정적 안정, 건강과 안녕
2단계	안전의 욕구	위험, 고통, 불확실로부터의 회피
3단계	사회적 욕구	애정, 인정, 친화, 소속감
4단계	존경의 욕구	존경, 지위, 성공, 명예
5단계	자아실현의 욕구	능력발휘, 자아성취, 자기완성, 삶의 보람

자료 : 윤세남 · 김화연. 서비스 경영자격, 박문각의 내용을 재구성.

(2) 내면 지향적 삶의 가치

사람들은 보다 높은 수준의 욕구를 추구하면서 보다 내면적인 것에 관심을

기울이게 된다. 내적 욕구에 더 관심을 갖게 되고, 끝없는 완성을 추구하며 자기실현을 향해 나아가는 것이다. 이 과정에서 새로운 가치, 선호, 감수성이 형성된다. 이러한 가치관의 변화를 통해 더 많은 자율성과 자유를 가지게 된다. 따라서 선택과 행동에 대한 책임감이 높아질 뿐만 아니라, 보다 창의적으로 그리고 보다 독립적으로 살아가게 된다.

- 멀리 있거나 환성에 지나지 않는 가능성과 환영을 찾아 헤매기보다는, 지금까지 얻은 것에 감사하고 이를 지키면서 보다 책임 있게 스스로 통제하고 절제하는 삶을 선호하게 된다.
- 열심히 장애를 극복하고 문제를 해결하는 과정을 통해 만족감을 얻는다.
- 내면적 생활에서 기쁨과 즐거움을 찾고 미학적 감상, 타인에 대한 감수성, 자기인식의 증진에 높은 가치를 두게 된다.
- 휴식, 잠깐의 고독, 자연의 신비와 인간 존재의 의미를 생각해 보고, 명상에 잠기는 기회 등 인생의 작은 기쁨에 높은 가치를 부여하게 된다.

이러한 변화와 함께 성장과 발달에 대한 포부에서도 변화가 생기면서 하루하루를 잘 기능하며 살아가기를 바라게 된다.

- 형식적인 가면을 벗고 감정에 충실하면서 가능한 한 개방적이고 솔직한 인간관계를 맺고 싶어 한다.
- 다른 사람들이 옳거나 그르고, 도덕적이거나 비도덕적이라고 판단할지라도 자신이 생각한 도덕 및 윤리적 판단과 결정에 따라 행동하려 한다.
- 자신의 미래에 대해 타인을 기쁘게 하고 그들의 칭찬을 받으며 그들이 가치 있다고 생각하는 것에 매달리기보다는, 진정한 자신을 위해 목표를 세우려고 한다.

표 10 버추프로젝트 52가지의 가치

감사	결의	겸손	관용	근면	기뻐함	기지	끈기	너그러움	도움	명예
목적의식	믿음직함	배려	봉사	사랑	사려	상냥함	소신	신뢰	신용	열정
예의	용기	용서	우의	유연성	이상 품기	이해	인내	인정	자율	절도
정돈	정의로움	정직	존중	중용	진실함	창의성	책임감	청결	초연	충직
친절	탁월함	평온함	한결같음	헌신	협동	화합	확신			

자료: 윤선현. 하루 15분 정리의 힘, 위즈덤하우스.

표 11 탁월성을 나타내는 단어

리더십	에너지	용기	순수함	책임감	낙천적	자비로움	사려 깊음	꼼꼼함
포용력	의리	강인함	자신감	윤리적	겸손함	충성심	밝음	솔직함
분석적	완벽함	전통적	인정 많음	이해력	부지런함	명랑함	소신 있음	재치
희망적	쾌활함	결단력	순발력	배려	민첩함	지식	낭만적	평화
유연함	정확함	적응력	조화	성실	융통성	헌신	건강함	정직
카리스마	명확함	절제됨	도전적	모범적	협상능력	정의로운	열정적	탁월함
소박함	집중력	명석함	창의적	가능성	균형	독립정신	주도적	추진력
승부욕	분별력	적극적	섬세함	의지력	진실한	전문성	논리적	현실적
사랑	따듯함	집념	신뢰	친절	겸소함	설득력	통찰력	호기심
긍정적	신중함	세련됨	대처능력	탐구심	부드러움	쿨하다	유머감각	인내심
여유로움	차분한	우아함	공정성	지혜	비전	우정	권력	즐거움

자료: 유병훈. 자기주도적 학습과정, 행복한교육이야기.

2. 인생 목표

인생에서 가장 소중한 것에 대한 발견이 중요하다. 소중한 것에는 두 가지가 있는데, 살아가고 있는 이유인 '사명'과 인생의 목표인 '비전'이다.

(1) 사명과 비전

사명Mission이란, 인생의 의미와 목표를 글로 표현한 것이다. 자신만의 독특한 삶의 목적이며, 의사를 결정하고 행동을 선택하는 개인의 헌법 같은 역할을 한다. 사명서 작성에 대해서 많은 사람들이 부담을 갖는데, 멋진 문장으로 한 장을 채우는 것이 중요하기보다는 자신의 인상에 대해 진정한 고민을 해보고 답을 발견하는 게 중요하다.

비전Vision이라는 말은, 사전적인 의미로 '내다보이는 미래의 상황이나 미래에 대한 구상'으로 정의된다. '꿰뚫어보는 힘'이라는 의미를 지니고 있다. 따라서 '나의 비전'이라고 하는 말은 미래의 시간, 즉 5년 후 또는 10년 후 등과 같이 미래에 다가올 특정한 시점에 있어서 보이게 될 바람직한 자신의 모습이라고 정의할 수 있다. 흔히 상상력, 선견, 통찰력으로 번역되기도 한다.

비전이라는 단어는 외국어이다. 그래서 생소하게 느껴질 수도 있다. 서양에서 들어온 단어인지라 우리말에 딱 들어맞는 용어가 있는 것이 아니다. 그래서 원어 그대로 비전이라고 불리는 경우가 많다. 굳이 우리말과 비교해서 쉽게 말한다면 '목표, 목적, 소망, 소원, 목표 설정'과 비슷한 뜻으로 이해될 수 있다.

인생을 살면서 자신의 삶에 대한 비전, 즉 '나의 삶'에 대한 비전을 갖는 일은 매우 중요하다. 꿈을 갖는 일이나 실천하려는 힘은 누가 억지로 줄 수 있는 게 아니기 때문이다. 반드시 꿈이 아니라고 하더라도, 사람은 어떤 일이든지 타인의 강요에 의한 것보다는 스스로 깨달으면서 지속적으로 이루어나갈 때 바로 행동의 원동력을 얻을 수 있다. 자신이 스스로 꿈을 찾아 스스로 실천하려는 동기와 용기를 얻을 때 성취를 향한 동기를 키워나갈 수 있는 것이다.

'꿈'과 '비전'은 무엇이 서로 다른가? 어떤 사람은 꿈은 비현실적이라며 낮춰서 말한다. 물론 꿈은 소망이나 바람을 담고 있기 때문에, 때로는 다소 몽상적이고 허황된 부분도 있다. 이러한 헛된 의미로만 해석하며 꿈을 경시하는 경우도 있다. 그러나 꿈에는 우리가 삼을 두근거리게 만드는 설렘도 있다. 비전은 이러한 설렘의 의미를 더 포함하고 있다. 꿈의 부정적인 의미를 배제하면 사실상 거의 같다고 보아도 좋다.

그러면 '비전'과 '사명'은 무슨 차이가 있을까? 비전을 사명 달성을 위해서 구체화되어 보이는 영상으로 사명과 구분하는 사람들도 있다. 비전에는 역사를 바꿀 수 있는 원대한 꿈도, 한 사람의 작은 소망도 포함된다. 사명 역시 한 사람의 꿈에서 시작된다. 하지만 개인의 영욕보다는 좀 더 큰 이타적인 차원의 것으로 비전과의 차이를 구분할 수 있다. 사명은 개인적인 것이 아니라 집단적인 의미에서 사용되는 비전의 의미를 가지고 있다고 볼 수 있다. 비전이라는 것은 누군가에게 강요받거나 쉽게 결정할 수 없는 것이다. 또한 비전을 이루기 위해서는 준비가 필요하다. 비전은 실행 가능한 계획이라는 말이 있다. 최선을 다해 준비할 마음도 없으면서, 어느 날 운이 좋아 갑자기 이루어지기만을 바라는 사람들도 많다. 이것은 비전이 아닌 환상을 가지고 있는 것이다.

자신의 꿈을 성취하는데 있어서 특별한 사람에게서나 기대되는, 특별한 비법이 필요한 것은 아니다. 꿈을 이루겠다는 용기는 만리장성을 한 번에 쌓을 수 있는 위대한 능력이 주어지는 것이 아니라, 벽돌 한 장, 한 장을 쌓는 작은 행동에서 시작된다는 점을 기억해야 한다. 인내심을 가지고 꿈을 향한 작은 일에서부터 하나씩 하나씩 집중하여 실천하다보면 자신이 원하던 목표를 성취할 수 있게 된다. 일상에 쫓겨 꿈을 향한 도전을 갖지 못하거나, 일찍 포기하는 것에 익숙한 사람이 되지 않도록 '나의 삶'에 대한 비전을 가져야 한다.

(2) 사명과 비전 수립의 필요성

사명Mission과 비전Vision을 수립하면 첫째, 마음속의 구체적이고 분명한 그림이 그려진다. 지금은 존재하고 있지는 않지만, 실현되기를 원하는 자신의 미래에 대한 선명한 시각적인 이미지가 마음속에 그려진다. 그래서 사명과 비전을 가지고 있는 사람들은 그것을 다른 사람들에게 분명하게 설명하고 그려줄 수가 있다.

둘째, 가장 바람직한 미래의 모습을 가질 수 있다. 미래에 초점이 맞추어져 있어 자신이 현실을 넘어서서 되고 싶은 가장 바람직한 모습과 관련이 있다. 장차 이루어지기를 바라는 것들의 가장 바람직한 미래의 모습을 가슴에 품고 살아가는 사람, 바람직한 모습이다.

셋째, 비전은 가장 가능성 있는 꿈을 꿀 수가 있다. 현재 내가 가지고 있는 재능과 생각으로는 불가능하지만, 모든 것이 가능하다는 믿음으로 추진해 나가는 태도가 중요하다.

넷째, 비전은 현재와 미래를 이어주는 거룩한 꿈의 다리다. 그러므로 사명과 비전 수립은 자신의 꿈을 성취하는데 있어서 매우 중요하다. 삶의 의미를 찾을 수 있고, 주어진 환경을 뛰어넘을 수 있고, 성공하기 위해 달려갈 때 힘들고 어려운 상황에서 내 마음을 되새길 수 있도록 도와주는 것이 바로 사명과 비전이다.

단순한 미래의 계획이 사명과 비전이 되는 것은 아니다. 다음과 같은 것이 좋은 사명과 비전이 될 수 있다.

- 간절히 원하는 것이어야 한다.
- 내가 꼭 해야 한다는 사명의식이 느껴지는 것이어야 한다.
- 가치 있는 것이어야 한다.
- 남에게도 의미가 있어야 한다.
- 다른 사람의 가슴을 두근거리게 하는 것이어야 한다.

실습 사명 만들기

단계	구분	
Step 1	당신의 일생에서 꼭 이루고 싶은 것, 되고 싶은 모습을 적어보세요.	
Step 2	당신의 평소 닮고 싶은 인물(위인, 유명인) 등을 적어보고 그 이유를 적어보세요.	
	인물	닮고 싶은, 존경하는 이유, 특징
Step 3	당신이 인생에서 중요하다고 생각하는 대상, 단어, 문구, 문장, 좌우명이나 인생의 모토로 삼고 있는 글귀	
Step 4	Whom, Where? – 당신이 기여, 제공하기를 원하는 대상, 영역	
	What? – 당신이 기여, 제공하기를 원하는 것	
	How? – 당신은 어떻게 기여하고자 하는가?	

위의 3가지를 근간으로 하여 옆에 기록된 중요 단어들을 넣어 당신의 사명을 30자 이내로 작성하시오.

자료 : 강규형. 성과를 지배하는 바인더의 힘, StarRich Books, Mission Bridge.

실습 비전 만들기

앞으로 10년 후를 기준으로 하여 다음 표의 질문에 답을 적어보자.

질 문	키워드	답
내가 꼭 하고 싶은 일	흥미	
내가 잘하는 일	강점	
내가 꼭 해야 하는 일	가치관	
다른 사람에게도 의미가 있는 일	의미	
다른 사람의 가슴도 두근거리게 하는 일	울림	

자료: 이의용. 스무 살의 나의 비전, 학지사.

앞의 질문에 대한 답에 나의 비전이 숨어 있다. 이를 토대로 나의 비전을 만들어 보자. 비전은 간단하고 외우기 쉬워야 한다. 기억하고 있어야 행동으로 연결되기 때문이다. 내가 앞으로 내 직업을 통해 하고 싶은 일을 한마디로 요약해 보자.

〈나의 비전〉

(3) 버킷 리스트

"꿈은 머리로 생각하는 게 아니라, 가슴으로 느끼고 손으로 적고 발로 실천하는 것이다." 탐험가이자 인류학자인 존 고다드가 한 말이다.

존 고다드는 15살 때 우연히 할머니가 숙모에게 '이것을 내가 젊었을 때 했더라면…'이라고 이야기 나누는 것을 듣게 되었다. 그때 존 고다드는 '나는 커서 무엇을 했더라면 하는 이야기를 하지 않을 거야'라고 생각했다고 한다. 그리고 자신의 버킷 리스트를 127개 작성하고, 항상 가지고 다니면서 시간이 날 때마다 그 꿈을 이루는 모습을 상상하면서 그 꿈의 목록을 보며 하나하나 이루어 111개의 꿈을 이루었다. 그 목록은 500개로 늘어났고, 세계에서 가장 유명한 탐험가가 되었으며 인류학자, 다큐멘터리 제작자로도 명성을 얻었다.

버킷 리스트에 대한 또 다른 연구 결과가 있다. 코넬대학교 철학과 2학년생을 대상으로 1985년 4월에 32명을 대상으로 버킷 리스트를 작성하게 하였다. 32명 중 성실하게 응한 사람은 17명이었고, 백지로 내거나 무성의하게 낸 사람은 15명이였다.

이후 2000년 4월, 15년 만에 '코넬대학교 철학과 2학년생 버킷 리스트' 파일을 개봉하여 대학 학적과 졸업생 명부, 인터넷 유명인사 데이터베이스를 샅샅이 뒤져 설문조사에 참여한 학생들의 현재 직업과 거주지를 추적 조사하였다. 살아있는 29명 중 사회 지도자급 위치에 오른 사람은 18명으로 버킷 리스트를 성실하게 작성했던 사람이 16명이나 되었다. 즉 조사 결과 버킷 리스트를 성실하게 작성한 사람들이 그렇지 않은 사람보다 사회적 위치가 높았고, 재산은 평균 2.8배 정도 많았다. 90% 정도가 현재의 삶에 만족한다고 했고, 이혼 경험 없이 행복한 가정생활을 만끽하고 있었다. 반면, 버킷 리스트를 작성하지 않았거나 장난으로 적은 사람, 장황한 이야기를 늘어놓은 사람은 80% 이상이 그런 조사를 했다는 사실조차 기억하지 못했다.

꿈의 목록, 즉 버킷 리스트는 '내가 꼭 하고 싶은 일'이다. 지금 당장 하고 싶은 일, 1년 안에 하고 싶은 일, 죽기 전에 꼭 하고 싶은 일이다. 그 일은 원대한 목표가 될 수 있으며 일상의 사소한 것도 될 수가 있다. 그러므로 버킷 리스트 작성을 어렵게 생각하지 않았으면 좋겠다. 지금 당장 실천할 수 있는 것부터 차근차근 적으면 그것이 나의 버킷 리스트가 된다.

죽음을 앞둔 사람들의 버킷 리스트는 무언가 특별할까? 그렇지 않다. 그들이 원하는 소망은 돈이 많이 드는 일도 아니어서 대부분 쉽게 할 수가 있다.

(예시) 죽음을 눈앞에 둔 사람들의 버킷 리스트

위암 말기환자
- 죽기 전에 봉사활동을 하고 싶다.
- 블랙커피 한 잔을 마시고 싶다.
- 사과 한 쪽을 먹고 싶다.
- 시원하게 똥을 한 번 누고 싶다.

간암 말기환자
- 그동안 고생만 한 아내에게 면사포를 씌워주고 싶다.
- 3분만 속 시원하게 웃고 싶다.

에이즈 환자
- 아내와 함께 낚시를 가고 싶다.
- 친구들과 밤새 수다를 떨고 싶다.
- 설악산을 오르고 싶다.

자료 : 강창균 · 유영만. 버킷 리스트, 한국경제신문.

지금 전화만 하면, 집을 나서기만 하면 곧바로 실행할 수 있는 것부터 작성해 보자. 지금 당장 하고 싶은 일을 지금 하지 못하면 1년 후에도, 10년 후에도 할 수가 없다. 지금 실천할 수 있는 것부터 적어보자. 하나를 실천하면 그 다음의 버킷 리스트를 달성하기는 쉬워진다.

(예시) 버킷 리스트 목록

작성 날짜	내 용	기 한	이룬 날
00년 00월 00일	부모님과 함께 가족사진 찍기	00년 00월 00일	
00년 00월 00일	000 1급 자격증 취득	00년 00월 00일	
	~~		

실습

버킷 리스트

______________의 버킷 리스트

작성날짜	내 용	기 한	이룬 날

자료 : 강창균 · 유영만. 버킷 리스트, 한국경제신문.

생각해 봅시다

자기 자신답게 살라

어떤 사람이 불안과 슬픔에 빠져있다면
그는 이미 지나가버린 과거의 시간에
아직도 매달려 있는 것이다.

또 누가 미래를 두려워하면서
잠 못 이룬다면
그는 아직 오지도 않은 시간을
가불해서 쓰고 있는 것이다.

과거나 미래 쪽에 한 눈 팔면
현재의 삶이 소멸해 버린다.

보다 직설적으로 표현하면
과거도 없고 미래도 없다.
항상 현재일 뿐이다.

지금 이 자리에서 최선을 다해
최대한으로 살 수 있다면
여기에는 삶과 죽음의 두려움도
발붙일 수 없다.

저마다 서 있는 자리에서
자기 자신답게 살라.

–「살아 있는 것은 다 행복하라」 중에서

CHAPTER 02

일과 직업

학습목표
- 일과 직업의 의미를 구분할 수 있다.
- 직업세계의 변화를 설명할 수 있다.
- 직업정보를 활용하여 진로탐색을 할 수 있다.

대부분의 사람들은 하루 중 많은 시간을 직업적 활동을 위해 사용한다. 한 사람의 인생 전체를 살펴보더라도 미성년 시절이나 학창 시절에는 미래의 준비 기간으로 삶을 보내고, 성인이 되어 취업과 은퇴까지 직업적 활동에 전념하다가 은퇴 후 노년기에는 소일거리라는 명목으로 가능한 직업적 활동을 추구한다. 따라서 우리가 우리의 인생 가장 중요한 부분을 차지하는 직업을 결코 소홀히 생각하면 대충 선택할 수는 없다. 직업 선택을 소홀히 한다는 것은 우리 스스로가 자신의 인생을 가치 없이 대충 보내겠다는 의미와 같은 뜻이다. 그러므로 일과 직업에 의미를 깊이 새겨둘 필요가 있다.

1. 일과 직업의 의미

사람이 어떤 가치 창조를 위해서 정신적 · 육체적으로 하는 노동 활동을 흔히 '일한다'라고 말한다. 사람들은 누구나 정신적 · 육체적 활동을 통해 일을 하면서 살아가고 있다.

일Work이란, 휴식과 놀이 또는 여가 활동을 제외한 인간의 능동적인 모든 활동을 뜻한다. 그러므로 인간이라면 누구나 공부를 한다든지, 집안일을 한다든지, 저녁을 준비한다든지 하는 등의 여러 가지 일을 하면서 살아가는 것이다.

일이라는 것의 의미는, 넓은 의미로 보면 인간의 의도된 생산 활동이라는 개념으로 설명할 수 있다. 생산 활동이라는 개념으로 설명한다고 해서 모든 일이 곧 직업이 되는 것은 물론 아니다. 일을 어떤 시각으로 바라볼 것인지에 대한 생각은 개인에 따라 다르게 평가될 수 있는 상대적인 것이다. 일반적으로 일에 대한 긍정적인 측면과 부정적인 측면을 함께 가지고 있다.

일에 대한 부정적인 측면으로는 일에 대해 힘들고, 괴롭고, 강제적인 형태로 이루어진다는 점과, 일에 대한 보상이나 대가가 충분히 이루어지지 않았다는 점에서 비롯된 것이다. 반대로, 긍정적인 측면에서 일의 의미를 부여하고자 하는 관점으로는 첫째, 일은 경제적 보상을 해준다는 점이다. 즉 경제적인 요구에 의해 일이 이루어진다는 것이다. 그렇지만 일을 하는 이유가 경제력의 획득에만 있는 것은 아니다. 설령 경제적 압박을 벗어난다고 하더라도 일을 하는 경우가 많이 있다. 그래서 일은 어떤 목적을 달성하기 위한 활동이라는 개념이 더 적절하다고 여겨진다. 둘째, 일은 그 자체에 즐거움이 있기 때문이라는 점이다. 일은 경제적인 관련성을 따지기 이전에 일을 함으로써 즐거움을 찾고 보람을 느끼게 된다는 것이다. 셋째, 일은 인간이 자기를 실현하는 창조의 활동이라는 점이다. 일은 행복과 재산을 가져다주는 삶의 축복으로서 인간을 자유롭게 할 뿐만 아니라 인간을 인간답게 하는 창조적 활동인 것이다.

우리가 수행하는 일 가운데 생계를 위한 수입을 목적으로 참여하는 활동을 직업Vocation이라 한다. '직업'이란 말은 직(職)과 업(業)의 합성어이다. '직'은 관을 중심으로 행하는 직무라는 관직의 뜻이 있고, 직분을 맡아 행한다는 개인의 사회적 역할의 뜻도 있다. '업'은 생계를 유지하기 위하여 전념하는 일이라는 뜻과 자기능력 발휘를 위하여 한 가지 일에 전념한다는 뜻이 있다. 따라서 '직업'이란 첫째, 사회적 책무로 개인이 맡아야 하는 직무 둘째, 생계유지나 과업을 위해 수행하는 노동행위라는 의미를 갖는다. 삶과 직결되는 직업은 어떤 형태로든 평생에 걸쳐 우리와 관련을 맺으며 살아가고 있으며, 이를 통해 생계를 유지할 뿐만 아니라 사회적 역할을 수행하며 자아를 실현하게 된다.

직업은 일반적으로 세 가지 요건을 충족해야 한다.

첫째, 경제성의 측면에서 보면, 직업은 임금을 받을 목적으로 육체적 · 정신적 노동력을 제공해야 한다. 즉 직업은 노동시장에서 개인이 노동력을 제공하고 그 대가로 수입을 얻고자 하는 활동이며, 수입과 노동력의 교환이라는 경제적인 거래 관계가 성립되는 활동이다. 직업은 경제적인 거래 관계가 성립하는 활동을 통해 개인의 경제성을 충족할 수 있어야 한다. 따라서 무급 자원봉사와 같은 활동이나 전업 학생의 학습 행위는 정상적 경제활동이나 직업으로 인정되지 않는다.

둘째, 지속성이 있어야 한다. 즉 생계를 유지하려는 목적으로 노동활동을 지속적으로 이어나가야만 직업이라고 할 수 있다. 따라서 지속성이 없는 일시적 행위는 직업이라고 할 수 없지만, 일용근로자와 같이 매일 그 작업 내용이 바뀌더라도 노동력 제공은 지속적으로 이루어지는 경우에는 직업에 해당된다. 즉 직업은 유사성이 있는 직무를 계속해서 수행하는 계속성이 있어야 하는데, 일의 계속성을 유지하는 직업적 의미의 일이란 다음과 같은 예로 제시할 수 있다.

- 매일, 매주, 매월 등 주기적으로 행하는 것
- 계절적으로 행해지는 것
- 명확한 주기는 없으나 계속적으로 행해지는 것
- 현재 하고 있는 일을 계속적으로 행할 의지와 가능성이 있는 것

셋째, 윤리성을 가져야 한다. 직업 활동은 전통적으로 윤리성과 사회성을 충족해야 하는 것으로 보고 있다. 윤리성을 기준으로 하면, 비윤리적인 영리 행위나 반사회적인 활동을 통한 경제적인 이윤추구는 직업 활동으로 인정되지

않는다. 직업의 사회성 측면에서 모든 직업 활동은 사회공동체적인 맥락에서 의미 있는 활동, 즉 사회적인 기여를 전제조건으로 한다는 점을 강조한다. 또한 속박된 상태에서의 제반활동은 경제성이나 계속성의 여부와 상관없이 직업으로 인정되지 못한다. 그 예를 다음과 같이 제시할 수 있다.

- 이자, 주식배당, 임대료(전세, 월세) 등과 같은 자산 수입
- 「연금법」, 「국민기초생활보장법」, 「국민연금법」, 「고용보험법」 등의 사회보장이나 민간보험에 의한 수입
- 경마, 경륜, 복권 등에 의해 배당금이나 주식투자에 의한 시세 차익
- 예금 · 적금 인출, 보험금 수취, 차용 또는 토지나 금융자산의 매각 수입
- 자기집의 가사활동에 전념하는 경우
- 교육기관에 재학하며 학습에만 전념하는 경우
- 시민 봉사활동 등에 의한 무급 봉사적인 일에 종사하는 경우
- 의무로 복무 중인 사병, 단기부사관, 장교와 같은 군인
- 사회복지시설 수용자의 시설 내 경제활동
- 수형자의 활동과 같이 법률에 의해 강제노동을 하는 경우
- 도박, 강도, 절도, 사기, 매춘, 밀수와 같은 불법적인 활동

자료 : 서일수 · 김도균 · 김지혜 · 이정배. 진로개발과 직업세계, 한빛아카데미.

그림 9 직업의 관련 개념

2. 직업 선택의 중요성

직업 선택은 배우자의 선택과 함께 인생에 있어서 가장 중요한 선택 중의 하나로 개개인의 인생에 매우 큰 영향을 미친다. 개인적 측면에서 인생의 성공과 실패를, 자신의 일을 즐기면서 하는지 그렇지 않은지를 결정하고 삶의 전반적인 측면에 영향을 미친다. 또한 최근 직업의 종류가 다양화·전문화되면서 직업의 선택이 더욱 중요해지고 있다.

긴즈버그Ginzberg, 긴스부르크Ginsburg, 애셀레드Axelrad, 하머Herma는 직업 선택은 일회적인 것이 아니라, 사춘기 전에 시작하여 20대 초반까지 대략 10년에 걸쳐 계속적으로 일어나는 발달 과정으로 보았다. 다음은 직업 선택 과정을 다음과 같이 환상기, 잠정기, 현실기 3단계로 구분하였다.

(1) 환상기(11세 이전)

직업 선택에 있어 자신이 원하는 직업은 무엇이든지 할 수 있다고 생각한다. 그러므로 현실 여건과 제약, 자신의 능력과 가능성 등은 무시되거나 거의 인식조차 못한다.

(2) 잠정기(11~17세)

환상기와 달리 직업 선택에 있어 적성, 흥미, 성격, 능력, 가치 등과 같은 주관적 요소를 고려하여 직업을 선택한다. 그런 현실적인 여건에 대한 인식이 많이 부족하여 잠정기라고 부른다. 다음과 같이 고려하는 요인에 따라 4단계로 구분된다.

- 흥미단계(11~12세) : 흥미가 가장 중요한 요인
- 능력단계(12~14세) : 자신의 능력 정도
- 가치단계(15~16세) : 자신의 가치관

- 전환단계(17세 전 · 후) : 개인적 요인보다는 현실적인 요인에 관심

(3) 현실기(18세~성인 초기)

개인의 흥미, 능력, 성격, 가치 등의 개인적 요인과 교육 기회, 취업 기회, 환경적 제약 등의 현실적 요인 간의 타협 과정을 통해 직업을 선택하는 단계이다.

- 탐색 단계 : 자신이 선택한 직업에 필요한 실질적인 교육이나 기회를 가지기 위해 노력하는 단계
- 명료화 단계 : 탐색 단계에서 체득한 경험을 토대로 다양한 요소를 점차적으로 정확하게 종합해 가는 단계
- 구체화 단계 : 직업 선택의 최종 단계이며 자신의 직업을 결정하고 이를 이루기 위해 세부적인 계획을 세우는 단계

직업 선택을 하는데 있어 가장 중요한 것은 자신이 선택하고자 하는 직업에서 요구하는 능력이 무엇인지를 파악하는 것이다. 그리고 그 능력을 자신이 가지고 있는지에 대해 객관적인 평가도 필요하다. 위 직업 선택의 과정 속에서 개인이 가진 능력과 적성을 그 직업에서 요구하는 능력과 일치할 수 있도록 노력하여 그 직업에서 성공하고 그 직업을 통해 자아를 실현해야 한다.

3. 직업의 세 가지 측면

일반적으로 직업은 세 가지 수준으로 의미를 부여한다.

(1) 생계적 의미로서의 직업

생계적 의미로서의 직업은 직업의 경제적 의미로 대부분의 사람들은 자신의

직업적 활동을 통해서 얻는 보수나 소득을 통해 생계를 유지하는 경제적 기능을 갖는다. 그런 의미에서 직업을 생업이라고도 한다. 따라서 생계유지에 이어지지 않는 비소득성의 일로 취미 활동이나 학생이 공부하는 일 등을 직업이라고 하지 않는 이유도 여기에 있다. 또한 자신과 가족의 건강을 유지할 수 있도록 직업을 통한 일을 열심히 하여 건전한 경제생활을 만들어야 한다.

(2) 사회적 역할 분담으로서의 직업

직업으로서의 일은 사람들이 여러 역할을 분담하면서 여러 사회적 요구에 대응하여 필요한 일을 수행함으로써 사회에 공헌하게 되는 사회적 기능을 갖는다. 직업을 통해 개인은 사회인이 되고 사회인으로서의 기능 중 어느 것 하나를 분담함으로써 사회적 역할을 분담하게 되는 것이다. 따라서 사회적 역할 분담으로서의 직업은 직업의 사회적 의미로 사회적 역할을 분담하면서 여러 사회의 수요에 대응하여 사회에 유용하게 봉사하게 된다는 것이다.

(3) 자아실현으로서의 직업

자아실현으로서의 직업은 직업의 심리적 의미로 개인에게 있어서 직업은 살아가는데 필요한 물질적 자원을 정당하게 획득하는 수단이기도 하고, 그 개인의 사회적 지위를 결정해 주기도 하지만 동시에 자아를 실현하는 기회를 마련해주기도 한다.

실제적으로 많은 사람들은 자신의 일과 직업을 통해 물질적인 보상 못지않게 나름대로 얻고 있는 보람 때문에 일이나 직업을 수행한다. 이처럼 자신의 일과 직업을 통해 성취와 창조의 보람과 타인에 대한 봉사의 기쁨을 누릴 때 그것이 바로 일을 통한 자아실현인 것이다. 자기 자신의 능력을 발휘하여 일함으로써 스스로의 노력으로 소중한 가치를 창조해 내는 데서 오는 자아실현의 보람이 직업으로서의 의미를 갖는 것이다.

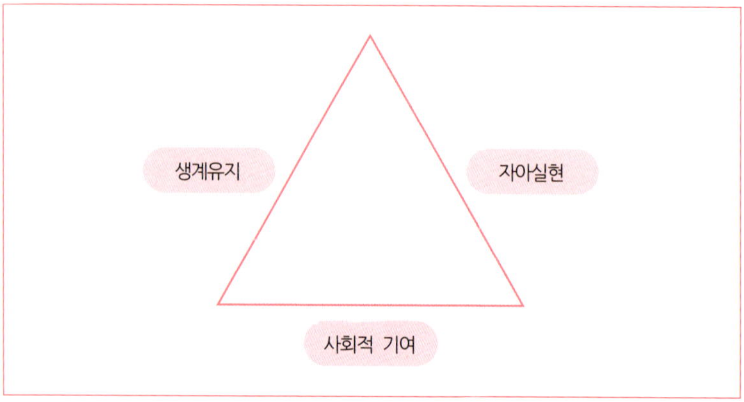

자료 : 정석용 · 이규은. 자기계발과 직업, 동문사.

그림 10 직업의 세 가지 측면

4. 직업세계의 변화

실습 꿈의 변천사

나의 꿈은?

시 기	꿈	그런 꿈을 가진 계기나 이유	꿈이 바뀌게 된 이유
어릴적 성장기			
초등학교			
중학교			
고등학교			
대학교/ 지금 현재			

주변 인물들 중 중요한 사람들의 나에 대한 꿈은?

중요한 인물	그들이 바라는 꿈	그 꿈에 대한 나의 생각

자료 : 이형국 · 권오관. 진로설계와 취업전략, 한올출판사.

현대사회는 급변하고 이전에 존재하지 않던 직업이 새롭게 생성되거나 과정에 많은 사람이 종사했던 직업이 소멸되거나 혹은 직업에서 요구하는 직무의 내용이 변화하고 있다. 특히 1980년대 후반부터 본격적으로 보급된 컴퓨터와 인터넷의 범용화는 기술 변화와 사회 변화를 초래하여 새로운 직업들이 생성되었으며, 직무의 내용도 전산화되어 많은 변화가 나타났다. 또한 4차 산업혁명 시대에는 인공지능AI에 의해 대체되는 직업들이 많아질 것이다. 방식이 정해진 일들은 자동화 물결에 사라질 것이다. 따라서 미래에는 더욱 다양한 직업들이 나타나기도, 없어지기도 할 것이다.

미래의 직업을 예측하기 위해 향후의 전반적인 사회 변화와 직업 간의 관계를 살펴보면, 첫째, 평생 직장에서 평생 직업으로 전환될 것이다. 의사나 변호사 등과 같은 전문 자격증은 평생 직업인의 필수조건이라고 할 수 있는데, 이는 자격증 소지 자체가 평생 직업인으로서의 성공을 보장하는 것이 아니라 특정 직업에 종사하는 최소한의 자격을 부여하는 것을 의미한다. 직장을 옮긴다 해도 특정 업무에 평생 동안 종사할 평생 직업인은 그 특징으로 관련 업무에 관한 지적 능력과 대외적인 상황에 유연하게 대처할 수 있는 역량을 갖춘 사람을 선호할 것이다.

둘째, 고학력 인력에 대한 수요가 증가할 것이다. 고학력에 대한 선호와 사회 전반적인 학력 차별 문화로 인해 청년층의 대부분이 대학을 졸업하지만, 고숙련 기능이 약하고 직무역량이 부족하여 취업 이후 재교육에 따른 사회적 비용이 증가하는 것이다. 따라서 고학력 인력에 대한 수요가 증가하는 추세에 맞춰 실질적인 직업교육이 이루어질 수 있도록 대학교육의 혁신이 필요하다.

셋째, 삶의 질을 높이는 직업 비중이 증가할 것이다. 생활수준의 향상으로 삶의 여유를 즐기는 사람이 증가함에 따라 문화산업에 대한 수요가 증가할 것으로 예상된다. 또한 2018년에는 고령화 사회에 진입하였고, 앞으로 계속되는 출산율 저하로 노인들을 대상으로 하는 실버산업의 전망이 밝으며 노인층에 대한 의료 · 보건 관련직이 증가할 것이다. 단순히 건강 관련 용품과 건강을 유지하기 위한 스포츠센터, 그리고 질병이 발생했을 때 이를 치료하는 것뿐만 아니라 질병이 발생하는 것을 예방하기 위한 예방의학 관련 분야가 성장할 것으로 예측한다.

넷째, 여성 노동력에 대한 수요가 증가할 것이다. 고등교육기관으로의 진학률이 지속적으로 증가하면서 여성 노동력의 질이 향상되어왔고 출산율 저하, 가사 · 육아 부담의 경감 등으로 여성의 사회참여가 꾸준히 증가하고 있다. 즉 여성의 경제활동 비중이 커지고 있는 것이다. 따라서 여성 노동력에 대한 수요 증가에 발맞추기 위해 정부가 주도적으로 출산, 육아, 가사 등으로 경력이 단절된 여성의 취업과 창업지원에 예산과 정책적인 노력을 해야 한다.

다섯째, 인터넷의 도입에 따른 직무 내용이 변화할 것이다. 컴퓨터와 인터넷의 보급은 전 세계를 하나의 네트워크로 연결하였다. 개인 생활방식뿐만 아니라 거래방식과 직업구조까지 변화시켰다. 대부분의 업무가 컴퓨터로 처리되어 컴퓨터 없이 일하는 것은 상상할 수가 없다. 컴퓨터로 업무처리를 하는 것은 재택 근무를 가능하게 하였고, 또한 더 이상 작업 공간이 직장이라는 물리적인 환경에 제약을 받지 않는다.

5. 직업정보 탐색

직업정보Occupational Information란, 개인이 자신의 진로선택이나 결정 또는 직업에 대한 적응이나 직업발달에 필요한 모든 자료를 총칭하는 개념으로 정의할 수 있다. 그러한 정보는 인간의 일과 관련되는 교육적, 직업적, 사회심리적인 모든 정보를 의미한다.

진로정보는 주로 직업과 관련된 사실로 구성되며, 직업세계에 관한 통찰과 이해를 얻도록 도와주는 기능을 한다. 따라서 직업정보란 직무별 직무내용, 직업전망, 취업과 근로조건 등에 관한 일체의 정보를 말한다. 구체적으로 직업적 기회나 직업 자체에 관련된 사실의 기술과 설명은 물론이고 직업에 관한 분석, 직업에 필요한 자질과 훈련, 직업의 전망 등과 같이 일의 세계에 관련된 광범위한 사실에 대한 체계적이고 조직적인 자료를 의미한다.

진로를 결정할 때 자신의 능력은 물론 적성이나 흥미, 신체적 특성 등 스스로에 대한 자기탐색이 우선되어야 한다. 그러나 자신의 직업적 진로를 위한 직업정보가 따로 존재하지 않는다면 적절한 진로선택은 불가능하다. 직업은 자신의 생애주기를 통해 평생 종사하면서 생계를 유지하고, 사명감과 보람 등 삶의 가치를 제공하는데 있어서 매우 소중하기 때문이다. 따라서 직업세계에 대한 충분한 이해와 노력이 필요하며, 또한 직업정보에 대한 탐색 과정이 필요하다. 직업정보 탐색 과정에서 얼마나 다양하고 신뢰가 있는 내용을 정리하고 있는지는 진로와 직업선택 과정에 많은 영향을 미친다.

직업정보를 탐색할 때의 주의할 사항은 다음과 같다.

첫째, 업종과 직종에 대한 구분을 정확히 한다. 직종(職種)은 직업이나 직무의 종류를 말한다면, 업종(業種)은 영업이나 사업의 종류를 말한다.

둘째, 정보수집은 직업 선택의 첫 걸음이다. 노동부에서 운영하고 있는 워크넷이나 취업포털 사이트를 통해 취업을 위한 정보 탐색을 자주 한다. 지역별 · 업종별로도 검색하고, 업종별 단체 홈페이지나 기업 자체 홈페이지도 방문하여 최대한 많이 정확한 정보를 수집하는 것이 좋다.

셋째, 머리로 덤비지 말고 직접 몸으로 행동한다. 인터넷 정보와 더불어 오프라인 정보도 함께 스크랩하는 습관을 길러야 한다. 많은 정보들을 적극적으로 활용하여 개인별 취업 노트를 쓰는 것도 좋은 방법이 된다. 몸으로 직접 행동한 것들이 가시화되면 내 목표를 구체화시켜주고 지나간 시간을 돌이켜보는데 도움이 된다.

넷째, 개인 네트워크를 잘 활용한다. 직업정보는 주변의 여러 경험자에 의해 확보할 수도 있다. 또한 관련 있는 분야의 선배나 관심사가 비슷한 동료들과도 적극적으로 정보를 공유하는 것이 좋다. 취업동아리 등도 적극 활용한다. 주의할 점은 논리나 근거가 없는 것이거나, 오직 과거의 경험에 의존하는 등의 단순정보를 맹신하는 자세는 바람직하지 않다. 더불어 학교 네트워크도 활용해야 한다. 학교에서 운영되는 취업 지원교육 프로그램이나 직업진로 프로그램, 취업 캠프, 모의면접, 입사서류 작성 클리닉, 산학협동을 통한 학과 역량 강화, 각 기업의 입사설명회 등 취업에 도움이 될 만한 여러 가지 사업들을 학교에서 운영하고 있다. 이런 교육을 적극적으로 활용하면 혼자서 고민하는 것보다 더 많은 정보를 얻을 수 있고 취업을 준비하는데 많은 도움을 받을 수 있다.

다섯 번째, 직업정보는 최신성이 있어야 한다. 아무리 유용한 정보라도 현실과 다른 정보는 가치를 상실한다. 그러므로 직업정보를 이용할 때는 정보의 생성 시기와 현실의 적용 가능성도 반드시 검토한다. 절대적 기준은 없으나, 일반적으로 생성에서 3년이 경과된 직업정보를 활용할 때는 주의가 필요하다.

표 12 직업정보 사이트

사이트 명	내 용
워크넷	한국고용정보원이 운영하는 사이트로 심리검사, 직업정보, 채용정보, 고용정보 등 상세정보 수록
청소년워크넷	초 · 중 · 고등학생, 대학생, 청년 등 대상별 눈높이에 맞는 진로 및 직업정보 제공
한국직업정보시스템	대학의 학과, 직업에 대한 상세정보와 일자리 전망을 제공하고 자신의 능력과 흥미에 맞는 직업 검색이 가능하며 워크넷과 통합 운영 중
커리어넷	한국직업능력개발원이 운영하는 사이트로 초등학생부터 성인까지 각 대상별 진로 및 직업정보 제공
HRD-Net	직업훈련 정보망으로 훈련 직종별, 지역별, 기간별 직업훈련을 검색
큐넷	한국산업인력관리공단의 자격정보시스템으로 국가기술자격, 공인민간자격에 대한 수험정보 제공
교육방송	직업 관련 방송 및 교육방송 다시보기 기능
진학진로정보센터	서울시 교육연구정보원에서 운영하는 사이트로 직업정보 및 진학, 진로정보 제공
한국가이던스	한국가이던스 홈페이지로 진로, 직업정보 및 온라인 심리검사 제공
국가직무능력표준	산업현장에서 직무를 수행하기 위해 요구되는 능력을 국가가 체계화한 것으로 직무능력중심 채용정보 제공

자료 : 남미정. 진로취업매뉴얼, 학지사의 내용을 재구성.

실습 직업정보 조사

관심 있는 직업을 한 가지 이상 선택하여 그 직업과 관련된 정보를 조사하고 다음 표에 정리해 보자. 워크넷, 한국직업정보시스템, 커리어넷 등을 활용하면 좋다.

직업명	
조사항목	내 용
필요한 학력	
자격조건	
훈련기간 및 훈련기관	

일의 특성	
근무환경 (시간, 근무조건 등)	
경제력(수입)	
이 직업의 장점	
이 직업의 단점	
앞으로의 전망	

자료 : 조성연 · 문미란 · 송선희. 진로솔루션 워크북, 학지사.

실습 학과정보 조사

관심 있는 학과를 선택하여 그 학과가 관련된 정보를 조사하고 다음의 표에 정리하여 보자. 워크넷, 한국직업정보시스템, 커리어넷 등을 활용하면 좋다.

학과명	
조사항목	내 용
학과에서 배우는 내용	
관련직업 및 진출분야	
관련자격 등 세부 학과정보	

학과 특성	
학과가 개설되어 있는 대학	
이 학과의 장점	
이 학과의 단점	
앞으로의 전망	

자료: 조성연 · 문미란 · 송선희. 진로솔루션 워크북, 학지사.

실습

자격증정보 조사

관련 직업을 갖기 위해 필요한 자격증이나 관심 있는 자격증을 한 가지 이상 그 자격증과 관련된 정보를 조사하여 다음의 표에 정리해 보자.

자격증명	
조사항목	내 용
필요한 학력	
자격증 취득조건	
자격증 취득방법과 절차	

자격증 발행(취득)기관	
자격증 활용범위	
이 자격증의 장점	
이 자격증의 단점	
앞으로의 전망	

자료 : 조성연 · 문미란 · 송선희. 진로솔루션 워크북, 학지사.

생각해 봅시다

이런 사람은 성공할 수 없다

- 자신이 무엇을 바라는지 모른다.
- 오늘 할 일을 내일로 미룬다.
- 문제에 정면으로 맞서지 않고, 남에게 책임을 전가한다.
- 문제 해결을 위한 계획은 세우지 않고, 그럴듯한 구실을 대며 회피해 버린다.
- 다른 사람에게는 엄하게 책임을 물으면서, 자신의 잘못은 인정하지 않는다.
- 열의가 없다.
- 첫 실패에 좌절하여 일어서려고 하지 않는다.
- 목표나 소망을 적어두어야 분석도 반영도 가능한데, 구체적인 계획을 세우지 않는다.
- 눈앞에 아이디어가 떠오르거나 기회가 생겨도 이를 활용하려 하지 않는다.
- 다른 사람의 생각, 평가, 비판을 두려워한 나머지 아무런 행동도 하지 못한다.

–「성공한 1% 리더들의 고품격 대화」 중에서

CHAPTER 03

인간관계와 시간 관리

학습목표
- 인맥 경영의 중요성을 설명할 수 있다.
- 열등감과 자존감 진단 결과를 분석하고 인간관계에 활용할 수 있다.
- 시간 관리 진단결과를 바탕으로 시간 관리를 실천할 수 있다.

1. 인간관계

문화인류학자 로빈 던바가 연구한 결과, 한 사람이 평생 중요한 관계로 지낼 수 있는 사람이 150명이라고 한다. 세상의 모든 사람을 알 수 없고 친해질 수 없는 것이 인생이다. 수십 수백 수천 명 때문에 힘든 게 아니라, 내 주변 가장 가까운 곳에 있는 한두 명 때문에 힘든 게 인간관계의 어려움이다.

인간관계를 잘한다는 것은 원하는 사람과 즐거운 시간을 보내기 위해서, 어떤 사람들을 비워 낼지, 어떤 것들을 함께 나눌지, 어떤 사람들을 나의 인맥으로 채워 넣을지를 결정하고 행동하는 것을 말한다.

거대한 변화는 아니지만 그런 변화로 한 발짝 내딛을 수 있도록 인간관계를 새롭게 정의해야 한다. 관계는 완성이나 완료가 아닌 훈련, 그리고 과정이다. 누구나 노력하면 좋은 관계를 다시 시작할 수가 있다.

(1) 인간관계의 의미

인간관계는 두 사람 혹은 그 이상의 인간 상호간에 형성되는 일정한 심리적 관계를 의미하며, 구성원 상호간의 욕구불만을 해소하여 인화를 도모하고 서로간의 협력관계를 이루는 것을 포함한다.

'관계'란 둘 이상의 사람이 서로 관련이 있음을 의미하는 말로, 사람 사이의 정이나 유대감을 나타내는 표현으로도 쓰이는 좋은 단어이다. 하지만 단어는 사람들이 어떻게 사용하느냐에 따라 느껴지는 의미가 달라진다. 한 개념을 어떤 단어로 정의하느냐는 우리 행동에 큰 영향을 주기 때문에 여기에 대해서 살펴보는 것은 굉장히 중요하다. 실제로 단어를 바꿔 사용하는 것으로 행동이 바뀌기도 한다.

'인맥'이나 '관계' 등의 단어가 인공적이라고 느껴져 불편하다면, 마음속에서 새로운 단어로 바꾸어가며 읽는 것도 좋은 방법이다. 예를 들면, '따듯한 관계 맺기', '자연스러운 인맥 맺기'라고 수식어를 붙여보는 것은 어떨까? 혹은 '인연'이나 '관심'같은 유사한 의미의 단어로 바꿔 읽는 것도 좋다. 그래도 확 와 닿지 않는다면 단어를 바꾸는 것보다 더 좋은 방법이 있다. 그것은 관계의 의미 자체를 새롭게 정의해 보는 것이다. 정의를 내린다는 건 어떤 옷 스타일을 살 것인지 결정하는 것과 비슷하다. 똑같은 돈으로 쇼핑몰에 가도 어떤 사람은 편안한 추리닝을, 어떤 사람은 제임스 본드 같은 멋진 수트를, 어떤 사람은 개성을 한껏 드러내는 디자이너 캐주얼을 살 것이다. 관계도 이처럼 당신이 원하는 스타일을 결정하는 것이 좋다. 그렇지 않으면 추리닝 위에 재킷을 입은 듯한 이상한 모습이 될 것이다.

'좋은 관계'에 대한 생각은 사람마다 다를 수밖에 없다. 당연히 달라야만 하고 그게 좋은 일이다. 하지만 대부분은 '좋은 관계를 맺는다는 것'이 무엇인지 정의를 내려 본 적이 없다. 그렇기 때문에 좋은 관계를 발견하지 못하곤 한다. 찾는 것이 무엇인지 모르면 눈앞에 있어도 모르고 넘어가기가 쉽다.

좋은 관계란, 어느 날 갑자기 생기는 일이 아니다. 우선 그런 관계를 함께 이뤄나갈 사람을 찾으려 해야 하고, 찾는다 하더라도 그렇게 관계 맺기까지 어느 정도 시간과 노력이 필요하다.

'인복'이라는 말이 있는데, "저는 참 인복이 있어요."라고 말하는 분들을 보면, 일단 상대방을 복으로 여기고 그렇게 대접하는 모습이 눈에 보인다.

좋은 관계란, 그냥 단순히 운만은 아닌 것이다. 어디선가 갑자기 나타나지도 않고, 우리가 상상하던 그런 환상적인 모습이 아닐 수도 있다. 때론 다툴 때도 있고, 내가 게으른 모습을 보일 땐 야단도 치는 것이 좋은 관계이기 때문이다.

친절함의 전문가인 매튜 켈리Matthew Kelly는 좋은 관계에 대해 "사랑은 혼자서도 충분히 잘 살 수 있지만 함께하기를 선택하는 것이다. 더 나은 관계를 위해 당신이 개인적인 계획이나 욕망, 목표까지도 기꺼이 내려놓고자 할 때 비로소 자신이 누군가를 사랑하고 있음을 깨닫게 된다."고 말한다.

여러분은 정말 관계를 잘 맺고자 하는 마음이 있는가? 좋은 관계를 맺기 위한 여정 중에는 반드시 조금씩 상처를 받게 되는데, 이것을 감수해 나갈 수 있는가? 영어 공부나 다이어트처럼 관심을 가지고 노력을 기울일 수 있는가? 만약 '힘들기만 한 관계 따위, 나는 노력하고 싶지도 않다'라는 입장에 변함이 없다면, '좋은 관계가 생기고 나면, 그 다음부터 노력해 볼 예정이다.' 정도로 가볍게 바꿔보는 건 어떨까? 모든 사람이 지금 당장, '나는 꼭 좋은 관계를 맺을 것이고, 그러기 위해 노력할 것이다.'라고 선택하지 않아도 괜찮다. 다만, 평소 하던 생각보다 조금 더 열린 태도를 가져보는 걸 시도해 보았으면 한다. 더 열린 태도를 가질수록 모든 방법이 더 효과적으로 작용하게 되기 때문이다.

실습

인간관계 진단

※ 해당하는 항목에 표시(☑)해 봅시다.

- □ 혼자 있을 때가 제일 편안하다.
- □ 사람들을 만나면 명랑하고 사교적인 사람으로 보이려고 애쓴다.
- □ 좋은 관계가 무엇인지 잘 모르겠다. 오는 사람 안 막고, 가는 사람 안 잡으면 되는 것 아닐까.
- □ 갑자기 그냥 바람 쐬고 싶을 때, 커피 한 잔 하고 싶을 때 누굴 만나야 할지 모르겠다.
- □ 솔직히 말하자면, 만나고 싶은 사람도 별로 없다.
- □ 상처받을까봐 되도록 새로운 관계는 안 맺고 싶다.

- □ 만약 내일 직업을 잃는다면, 누구에게 도움을 청해야 할지 모르겠다.
- □ 어려운 일이 생겼을 때 성의를 다해 도와주거나 진심 어린 조언을 해준 사람이 없었다.
- □ 모르는 것이 있을 때 물어볼 사람이 없어서 혼자 해결한다.
- □ 좋은 분을 만나도 그 다음에 어떻게 연락드려야 할지 잘 모르겠다.
- □ 일로 만나는 사람에겐 맡은 일만 잘해 주면 그만이라고 생각한다.
- □ 회사나 조직 내에 내편이 없다.

- □ 만나고 싶지 않은데 의리 때문에 억지로 만나는 사람이 있다.
- □ 만나면 할 말은 없어도, 오래될수록 좋은 친구라고 생각한다.
- □ 도저히 사람과 어떻게 관계를 끊어야 할지 방법을 모르겠다.
- □ 민폐를 끼치는 사람들 때문에 스트레스가 심한데도 거절을 잘 못하겠다.
- □ 누가 만나자고 하면 그냥 만난다. 싫은 사람도, 좋은 사람도 딱히 없다.
- □ 민감한 질문에 어디까지 대답해야 할지, 부탁을 어디까지 들어줘야 할지 매번 고민이다.

- □ 약속자리에 갈 때 아무런 준비 없이 가는 편이다.
- □ 약속이야 어디서 만나든, 무엇을 먹든 신경 쓰지 않는다.
- □ 연락처나 명함은 따로 정리하지 않는다.
- □ 사람들과 언제, 어떻게 연락할 것인지에 대한 규칙이나 습관이 딱히 없다.
- □ SNS를 사용하는 나만의 룰 같은 것은 없다. 관심도 없고 되는 대로 쓴다. 또는 전혀 쓰지 않는다.
- □ 내 성격과 잘 어울리는 인간관계 방법 같은 게 따로 있을까.
- □ 항상 비슷한 사람들과 만나 비슷한 이야기를 하다가 헤어진다.

자료 : 윤선현. 관계정리가 힘이다, 위즈덤하우스.

① 나의 인간관계

○ 관계의 달인

자신의 세계에서 이미 성공했거나 성공의 문턱 앞에 있는 사람들이다. 인맥의 중요성을 제대로 파악하고 있으며, 인맥을 통해 자신과 상대방의 공동 성공을 추구하는 능력을 가지고 있다.

○ 관계 엘리트

지금까지 해왔던 방식을 유지하면서 좀 더 노력하면 인맥의 달인이 될 수 있는 사람들이다. 이들은 인맥에 대한 나름대로의 전략이 수립되어 있어, 자기계발을 위한 노력은 지속적으로 시도할 필요가 있다. 자신감을 가지고 적극적인 자세로 지금까지의 인맥을 잘 관리하면 얼마든지 인맥의 달인이 될 수 있다.

○ 관계 잠재형

체계적인 인맥관리 노하우를 배워야 하는 사람들이다. 인맥의 폭이 넓으면 깊이가 얕고, 깊이가 깊으면 폭이 좁은 편이다. 인맥관리가 가벼운 만남 위주였다면, 이런 모임을 스터디 그룹이나 정보 교류의 장으로 활용해 보자. 인맥을 경쟁무기로 사용할 수 있도록 하기 위해서는 좀 더 전략적인 인맥관리가 필요하다.

○ 관계 포기형

인맥의 중요성을 깨달아야 하는 사람들이다. 사회적 지위와 상관없이 인맥에 있어서는 입문단계라 할 수 있다. 보다 적극적으로 인맥 형성을 위해 노력해 보자. 인맥관리 전략으로 한 사람을 만나더라도 자신의 생각과 목표를 보여주고, 상대방에게 어떤 도움을 줄 수 있을지 생각해야 한다. 즉 상호간에 가치 있는 만남이 될 때 자연스러운 교류가 형성되어 그것이 쌓이면 바로 인맥이 되는 것이다.

실습

열등감 진단

전혀 그렇지 않다(1점) / 별로 그렇지 않다(2점) / 보통이다(3점) / 가끔 그렇다(4점) / 항상 그렇다(5점)

구 분	나보다 이런 사람을 보면 열등감을 느낀다.	점 수
1	키가 큰 사람을 보면	
2	사교성이 좋은 사람을 만나면	
3	학력이 높거나 공부를 잘하는 사람을 보면	
4	집이 크거나 잘사는 사람을 보면	
5	얼굴이 잘생긴 사람을 보면	
6	여러 사람들 앞에서 말을 잘하는 사람을 보면	
7	운동을 잘하는 사람을 보면	
8	배우자나 애인이 멋진 사람을 보면	
9	몸매가 날씬한 사람을 보면	
10	사회적 지위가 높은 사람을 보면	
11	능력이 탁월한 사람을 보면	
12	가족끼리 화목하고 행복한 사람을 보면	
13	다리가 긴 사람을 보면	
14	재치와 유머가 풍부한 사람을 보면	
15	노래를 잘하는 사람을 보면	
16	일가친척 중에 훌륭하거나 유명인을 둔 사람을 보면	
17	자세나 태도가 반듯한 사람을 보면	
18	성격이 좋고 원만한 사람을 보면	
19	좋은 직장이나 좋은 학교에 다니는 사람을 보면	
20	가문이 훌륭한 사람을 보면	

열등감 진단 집계표

Body		Social		Ability		Home	
1		2		3		4	
5		6		7		8	
9		10		11		12	
13		14		15		16	
17		18		19		20	
합 계		합 계		합 계		합 계	
전체 합계 : 점							

자료 : 김경호, 이미지메이킹 이론과 실제, 높은오름의 내용을 재구성.

② 열등감

열등감은 자신이 상대적으로 가치가 없는 존재라고 느낄 때 경험한다. 자존감이 낮은 사람은 자신을 무능하고 무가치하다고 생각하기 쉬우며 자신을 불신하는 경향이 있다. 또한 타인의 시선을 지나치게 의식하고 타인의 평가에 민감해지며, 그들로부터 거절당할까봐 두려워한다. 현실과 미래에 대해 절망적으로 해석하기 때문에 항상 우울해 하고 실패를 선택하기가 쉽다. 열등감에는 선천적인 조건(외모, 가문 등)과 후천적인 조건(가난, 학벌 등), 상처받은 심리적 경험이 원인이 될 수가 있다.

다른 사람들과 더불어 살아가는 사회생활 속에서 열등감이 없는 사람은 거의 없다. 자신의 열등감을 어떻게 극복하느냐에 차이가 있을 뿐이다.

열등감에는 두 가지 특징이 있다. 하나는 객관성이 없다는 것이고, 다른 하나는 다른 사람들에겐 전혀 관심과 의미가 없다는 점이다.

열등감의 진정한 이유는 전혀 다른데 있을 수 있다. 그것은 열등감을 핑계삼아 자기계발을 하지 않는 것이다. 때로는 과거의 상처 같은 경험에 사로잡혀 있는 경우도 있다. 그리고 그 열등감을 숨기려고 하는 행동이 다른 사람에게 영향을 주거나 오해를 불러일으키기도 한다. 열등감은 우리에게 두 갈래의 길을 제시한다. 하나는 성공으로 가는 길이고, 또 하나는 실패의 늪이다. 누구에게나 선택은 자유이지만 그 결과는 참으로 엄청나다.

세상 사람들에게 인정받고 있는 주인공들에게는 공통점이 있다. 모두가 자신의 열등감을 이용하여 성공했다는 점이다. 못 배웠으니 더 배우려고 노력했고, 가정 형편이 어려웠기에 더욱 열심히 일했으며, 불우한 환경에서 자라났기 때문에 훌륭한 일을 하게 되었고, 몸이 온전치 못했기 때문에 다른 사람들 보다 몇 배 더 노력했다. 모두가 다 실패의 조건을 가지고 있었지만 오히려 그것을 성공의 밑거름으로 바꾼 것이다.

반대로, 열등감은 자신을 파멸의 길로 인도하기도 한다. "나같이 무능한 사람이 무엇을 할 수 있겠나?"라는 식의 자포자기는 사람을 의기소침하게 만들고 무기력한 사람으로 바뀌게 한다. 자포자기의 종착역은 언제나 파멸이다. 자신의 단점을 떳떳하게 드러내놓고 스타가 된 사람들처럼 "나의 약점이 다른 사람의 원하는 것이 될 수 있다."는 평범한 진리를 깨달아야 한다.

열등감을 아주 쉽게 극복하는 방법이 있다면, 그것은 자신의 무거운 열등감 덩어리를 통째로 내려놓는 것이다. 아무도 모르는 나만의 고통덩어리를 미련 없이 던져버리기만 하면 끝나는 일이다. 상처를 입은 맹수는 이를 감추려고 더욱 포악해진다고 한다. 열등감도 활용만 잘하면 훌륭한 성공의 무기가 될 수 있다.

실습 자아존중감 진단

전혀 그렇지 않다(1점) / 별로 그렇지 않다(2점) / 보통이다(3점) / 가끔 그렇다(4점) / 항상 그렇다(5점)

구 분	문 항	점 수
1	나는 내가 적어도 다른 사람만큼은 가치 있는 사람이라고 느낀다.	
2	나는 좋은 자질을 많이 가지고 있는 것 같다.	
3	대체로 나는 내가 실패자라고 생각하는 경향이 있다.	
4	나는 대부분의 다른 사람만큼 일을 잘할 수 있다.	
5	나는 자랑할 만한 것이 별로 없는 것 같다.	
6	나는 나 자신에 대해 긍정적인 태도를 가지고 있다.	
7	대체로 나 자신에 대해 만족하고 있다.	
8	나 자신을 좀 더 존중할 수 있었으면 좋겠다.	
9	나는 때때로 내가 정말 쓸모없는 사람이라고 느낀다.	
10	때때로 나에게 좋은 점이라고는 전혀 없다는 생각이 든다.	
총 점		

〈진단지 점수 채점〉

- 자신에 부정적 태도에 해당하는 5개 문항(3, 5, 8, 9, 10)은 역채점한다. 역채점이란 1점은 5점으로, 2점은 4점으로, 4점은 2점으로 5점은 1점으로 채점하는 것이다.
- 긍정적 태도에 해당하는 5개 문항(1, 2, 4, 6, 7)은 점수변동 없이 합산한다.

나의 자아존중감 진단 점수	나의 의견

자료 : 이의용. 스무 살의 나의 비전. 학지사의 내용을 재구성.

③ 자존감

자존감(자기긍지감, 자부심)은 자신이 가치 있는 존재라고 느낄 때 경험되는 긍정적인 감정이다. 자존감을 가진 사람은 자신을 능력 있고 존재 가치가 있으며 믿을 만하다고 생각한다. 자존감은 행복감의 한 요소가 되기도 한다. 사람은 자신의 성취와 업적을 스스로 긍정적으로 평가할 때, 그리고 다른 사람이 자신에게 애정과 인정을 나타낼 때 자기긍지를 느낀다.

자존감이 높은 사람은 다음과 같은 특징을 보인다.

- 자기 신체(외모)에 대한 만족도가 높다.
- 긍정적이며 성공에 대해 확신한다.
- 자신이 속한 나라, 가정, 학교, 직장에 대해 긍정적이다.
- 자신이 가치 있고 보람된 삶을 살고 있다고 생각한다.
- 새로운 상황, 경험, 일에 대해 개방적이다.
- 자신의 잘못, 실수, 실패를 인정하며 자신에게 정직하다.
- 부정적 감정(불안, 분노 등)을 잘 수용하고 조절한다.
- 긴장과 도전적 상황에서도 당황하지 않고 유연하게 잘 대처한다.
- 자신은 물론 상대방도 있는 그대로 인정하고 받아들인다.
- 자신의 감정, 의견을 상대방이 불편하게 하지 않으면서 자유롭게 표현한다.
- 상대방의 의견과 생각을 진지하게 대한다.
- 자신의 재능, 소유물 그리고 자신이 이룬 이들을 소중하게 여긴다.
- 칭찬과 애정, 감사하는 마음을 주고받는 것을 자연스럽게 행한다.

자존감이 낮은 사람은 다음과 같은 특징을 보인다.

- 자기 외모를 다른 사람과 비교하며 열등해 한다.
- 자신의 출신, 소속 등을 부끄러워한다.
- 자신을 무가치하게 생각한다.

- 새로운 상황, 일, 사람에 대해 불편하게 생각한다.
- 실수, 실패에 대해 지나치게 두려워한다.
- 남들 앞에서 자기에 대해 과장되게 자랑하려 한다.
- 지나칠 정도로 남들에게서 인정과 관심을 받고 싶어 한다.
- 주위의 지적이나 비판에 대해 지나치게 민감하게 반응한다.
- 다른 사람에 대해 지나치게 비판하려 한다.
- 자신의 생각과 감정을 남들 앞에서 표현하는데 주저한다.
- 대인관계가 좁거나 대체로 좋지가 않다.
- 지나치게 남의 비위를 맞추려 한다.
- 자신의 재능과 자신이 이룬 업적에 대해 인색하다.
- 자주 불안해하거나, 우울해하거나, 불행하다고 느낀다.
- 상대방의 감정을 자기 방식대로 부정적으로 해석한다.

자존감은 우리가 자신에 대해 얼마나 가치가 있다고 평가하는가와 관련이 있다. 우리가 자신을 어떻게 지각하고 평가하는지가 우리의 행동과 삶의 방식을 결정짓는다는 것을 생각한다면, 자존감은 아무리 강조해도 지나치지 않다.

낮은 자존감은 다양한 행동 방식으로 나타난다. 흔히 자신에게 뭔가 문제가 있다는 것을 느끼지만, 자존감이 낮다는 것을 잘 인식하지 못할 수도 있다. 자존감이 낮은 사람은 자신에 대한 자신감과 확신이 없기 때문에 중요한 결정을 내리는 것을 어려워한다. 특히 자신의 능력을 객관적인 것보다 훨씬 더 낮게 지각하기 때문에 자신에 대해 항상 부정적인 생각을 가지고 있고, 그러다보니 자신에게 적합한 진로를 찾는 것도 어려워한다. 따라서 자존감이 낮은 사람은 스스로에 대해 자신감과 확신을 가져 자존감을 높여야 진로를 잘 선택할 수 있다.

이때 자신을 찾는 과정이 매우 중요하다. 왜냐하면 낮은 자존감은 마치 자기 자신을 잃어버린 상태와 같다고 볼 수 있기 때문이다. 따라서 자신의 능력을 재발견하고 세상을 좀 더 편하게 느낄 수 있도록 하는 것이 필요하다.

표 13 자존감 향상 지침

- 자신의 감정 · 욕구 · 소망 등에 귀 기울이고 인정하며 수용한다.
- 자신을 존중하고, 있는 그대로를 받아들인다.
- 구체적인 사실을 토대로 칭찬한다.
- 자신의 삶을 스스로 개척하는 경험을 한다.
- 자신에게 책임 · 독립 · 선택권을 허용한다.
- 자신의 흥미를 좇아 마음껏 실험하도록 허용한다.
- 자신의 의사결정 과정과 문제해결 과정에 적극적으로 참여한다.
- 자신은 그 자체로 독특하고 훌륭하며 놀라운 존재라는 사실을 기억한다.
- 자기 자신을 높게 생각하는 것이 중요하다는 사실을 깨닫는다.
- 자신에 대해 판단적이지 않다.
- 당위와 충고로 자신을 구속하지 않는다.
- 내가 비록 지금은 고달프더라도, 나는 가치 있는 사람이라는 것을 항상 알게 해 줄 것이다.
- 나는 실패나 거부를 두려워하지 않을 것이다.
- 나는 직업과 개인생활에 있어서 기꺼이 더 많은 위험 부담을 감수할 것이다.
- 일이 잘 진행되지 않아 실망을 느낄지언정, 열등감이나 수치심은 느끼지 않을 것이다.
- 나는 항상 다른 사람과 동등하다고 생각할 것이다.
- 나는 비판을 받을 때도 방어적으로 되지 않을 것이다.
- 내가 적절한 사람인가에 대해 걱정하는데 온 정력을 다하지 않아도 되므로, 나는 훨씬 더 삶을 즐길 수 있다.
- 나는 단점을 솔직하게 인정할 것이다.
- 나는 다른 사람을 사랑하고 자신을 받아들일 수 있는 능력을 더 많이 기를 것이다.

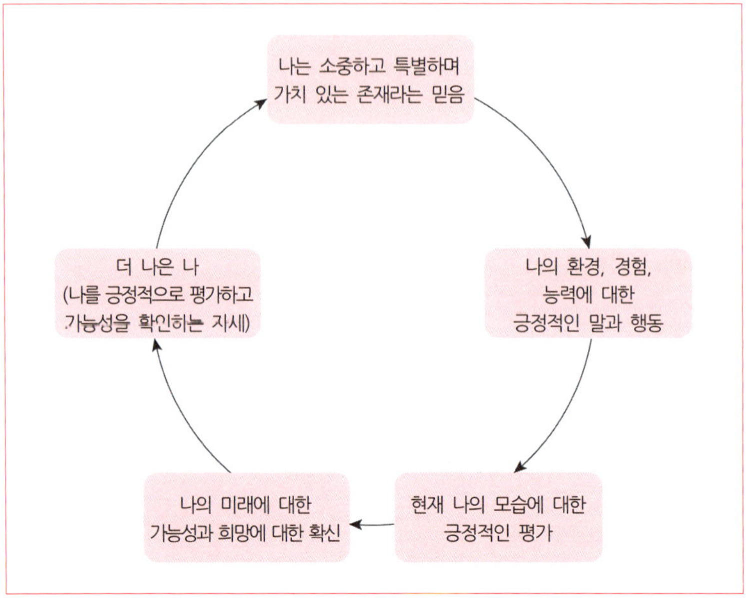

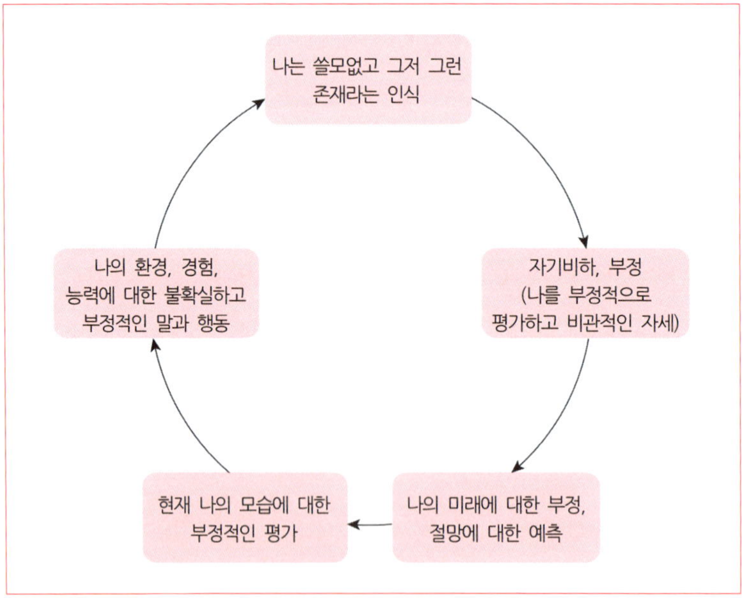

자료 : 이해선 · 김은미. 인성과 자기계발, 정민사.

그림 11 두 가지 정신모델

(2) 인맥경영의 5가지 포인트

인간은 다양한 욕구를 가지고 있다. 그 중에 사회적 욕구는 다른 사람과의 만남을 통해서 충족된다. 그러므로 이러한 사회적 욕구를 위해서라도 인간관계는 필요한 것이다. 인간은 사회적 욕구의 충족을 위해 타인의 존재가 필요하며 타인과의 바람직한 인간관계가 요구된다. 바람직한 인간관계를 형성하고 유지하기 위해서는 인간에 대한 깊은 이해와 인간관계의 개선을 위한 실천적 노력이 필요하다.

얼마만큼의 광범위한 인맥을 형성하느냐는 당신의 선택사항이다. 하지만 20% 인맥이 결과의 80%를 결정하는 황금률은 인맥 경영에서도 예외가 없다.

① 돈은 네트워크에서 생겨난다.

부의 중요한 원천 가운데 하나가 인적 네트워크이다. 그래서 옛날이나 지금이나 인맥을 형성하고 관리하는 능력은 성공을 지향하는 사람들에게 중요한 과제라고 할 수 있다. 특히 한국사회에서 인적 네트워크가 차지하는 비중은 무척 높다. 이것은 옳고 그름의 문제가 아니라 우리에게 주어진 현실이다.

② 핵심 인맥을 정확하게 정의한다.

직업적인 성공을 위한 당신의 핵심 고객은 누구인가? 그 밖에 당신이 어려운 상황에 처하게 되었을 때 맨 먼저 당신에게 도움을 줄 수 있는 사람이 누구인가? 살아가면서 발생 가능한 수많은 상황을 예상하면서 당신이 알고 지내는 많은 수의 사람들 가운데 누가 핵심적인 인맥에 속하는지 정확히 파악하고 있어야 한다. 머릿속에 단순히 그리는 것보다 한 명 한 명 그 우선순위에 따라 기록해 보는 것이 좋다.

③ 핵심 인맥이 대부분의 가치를 만든다.

당신이 일상적으로 만나는 사람들이 당신의 이익, 행복, 기쁨과 같은 부가가치 창출에 동일하게 기여하는 것은 아니다. 20%의 핵심적인 인맥이 당신이 원하는 대부분의 부가가치, 즉 80% 가량을 만들어낸다. 그렇다면 당신의 선택은 명확하다. 20%의 핵심 인맥에 보다 많은 시간과 돈, 노력을 기울여야 한다. 이 세상 모든 것이 유한한 것임을 생각하면 '집중'과 '선택'이란 말은 항상 기억할 필요가 있다.

④ 인맥 범위의 확장은 개인의 선택이다.

한국사회는 인적 네트워크가 유난히 발달한 사회이다. 혹자는 이를 두고 '마당발공화국'이라 비난하기도 한다. 하지만 이것은 우리들에게 이미 주어진 하나의 현실이다. 시시비비를 떠나 우리가 선택할 수 있는 것은 핵심 인맥에 집중하되, 핵심 인맥의 범위를 어느 정도까지 확대할 것인가 하는 문제이다.

이는 어떻게 살 것인가, 무엇을 추구할 것인가의 가치관에 따라 우리 스스로 선택해야 하는 문제이다. 아무튼 인맥의 범위를 확장해 나가는 선택을 내리더라도 효과적이고 효율적인 인맥 경영에 대한 주의를 게을리해서는 안 된다.

⑤ 지속적인 커뮤니케이션 수단을 확보한다.

만남, 운동, 전화, 이메일, 편지 등 다양한 커뮤니케이션 수단들이 존재한다. 자신의 취향이나 시간을 고려하여 저비용과 고효율의 커뮤니케이션 수단이 무엇인지를 찾아야 한다. 지속적인 커뮤니케이션 수단으로 관계망을 유지하고 있는 사람들에게 자신의 존재를 부각시키고 끊임없는 관심과 배려를 보이는 것이 중요하다.

실습 인간관계 매뉴얼과 선언문

예전 규칙		바꿀 규칙	
	관계는 부탁할 것이 있을 때나 필요한 것이다.		관계란 함께 행복해지는 것이다.
	인연은 사람이 좌지우지할 수 있는 문제가 아니다.		내가 노력하면 사람을 만날 수 있는 더 많은 기회가 생긴다.
	너무 바빠서 관계를 맺거나 유지할 상황이 아니다.		오늘 만나는 사람부터라도 좋은 관계를 맺어 보겠다.
	회사에선 일만 잘하면 그만이다.		회사에서 만나는 인연도 소중하다. 조금 더 다가가고 싶다.
	친구 때문에 피해를 보아도 의리를 위해서 끝까지 함께 해야 한다.		관계도 자연스럽게 헤어질 때 있는 것이다.
	만나자고 하는 사람과 만난다.		만나고 싶은 사람과 만난다.
	약속은 준비 없이 가도 된다.		약속 전에 몇 가지 준비를 하면 더 즐거워진다.
	연락처 개수는 많을수록 좋다.		연락처는 주기적으로 꼭 필요한 것만 정리해 두는 게 좋다.
	모든 사람이 나를 좋아했으면 좋겠다.		나를 싫어하는 사람이 있는 건 자연스러운 일이다.
	거절하는 건 무례한 일이다.		거절은 나와 상대방의 삶을 위해 꼭 필요하다.
	상대방이 좋아할 만한 말을 최대한 하는 게 좋다.		진솔하고 편안한 말 속에서 우정이 싹튼다.
	새로운 사람과 만날 수 있는 방법이 도저히 없는 것 같다.		이제 옆 부서 사람, 친구부터 만나볼 수 있을 것 같다.
	만날 사람이 없다. 나는 친구가 거의 없는 편이다.		내가 누구를 소중하게 생각하는지 알겠다.
	가끔 무례한 사람들 때문에 난감할 때가 있는데 어쩔 수 없다.		무례한 사람들에 대비해서 미리 대책을 세워야겠다.
	인간관계의 달인이 되는 건 너무 어렵고, 나에겐 도저히 무리다.		인간관계를 맺는 나만의 방법을 조금은 알 것 같다.

자료 : 윤선현. 관계정리가 힘이다, 위즈덤하우스.

하루에 한 가지씩 100가지의 미션을 따라하다보면 자신도 어느새 관계의 달인이 될 수 있다. 아래의 미션 리스트를 보며 순서대로 또는 마음이 끌리는 대로 하나씩 실천해 보자.

표 14 인맥경영 100일 프로젝트

001	프로젝트 서약서 쓰기	051	그룹 채팅방 만들기
002	관계 정의하기	052	온라인 커뮤니티 가입하기
003	롤 모델 정하기	053	소중한 사람에게 비밀 한 가지 털어놓기
004	휴대전화 번호 삭제하기	054	새로운 사람 만나기
005	휴대전화 연락처 즐겨찾기 만들기	055	추억의 장소에서 만나기
006	즐겨찾기 한 사람들의 공통점 찾기	056	하루 세 명 연락하기
007	약속 전 세 가지 질문 준비하기	057	정보 나누기
008	세 가지 사실 알아내기	058	편안함 전략 세 개 만들기
009	나의 비밀 다섯 가지 정하기	059	혼자만의 시간 가지기
010	비밀 접대장소 세 곳 만들기	060	3년 뒤 만나고 싶은 사람 정하기
011	새로운 모임장소 세 곳 만들기	061	3년 뒤 만남 준비하기
012	나의 가치/매력 다섯 개 적어보기	062	싫어하는 사람의 장점 찾기
013	만나고 헤어질 때 재미있는 사진 찍기	063	행복한 관계의 혜택 적어보기
014	한동안 잊혔던 사람에게 연락하기	064	방위대 만들기
015	불필요한 명함 버리기	065	여행계획 세우기
016	명함첩 만들기	066	관계에 대해 사색하기
017	모임 총무 되어보기	067	30초 집중하기
018	자기소개 준비하기	068	SNS에 댓글 달기
019	실수담 세 개 준비하기	069	자필로 카드 쓰기
020	좋은 물건 두 개 사기	070	색다른 모임 기획하기
021	사소한 선물 준비해두기	071	관계 좌우명 만들기
022	SNS 가입하기	072	설레는 사람 정하기
023	SNS 업데이트하기	073	설레는 사람 찾기
024	SNS에서 새로운 친구 세 명 사귀기	074	관계 일기장 만들기
025	절대 만나지 않을 사람 특징 세 개 적어보기	075	관계 일기장 한 장 쓰기
026	간단한 뉴스레터 보내기	076	장례식 명단 만들기
027	집에 소중한 분 초대하기	077	별명 만들기
028	SNS 친구 정리하기	078	나의 성격 드러내기
029	SNS 단체 대화방 정리하기	079	세 가지 기대하기
030	소중한 사람들의 기념일 알아보기	080	사람을 만나기 좋은 때 정하기

031	휴대전화 주소록 채우기	081	'받지마' 전화목록 만들기
032	소개팅 리스트 만들기	082	비상연락망 만들기
033	칭찬/감사해 보기	083	관계 롤 모델 만나보기
034	진심을 담아 문자하기	084	한 번 더 기회주기
035	비상명함 보관하기	085	스킨십 연습하기
036	돈 빌려준 사람에게 연락하기	086	새로운 관계 습관 만들기
037	이별식 하기	087	주소록 업로드하기
038	관계 룰 세 가지 만들기	088	멀리 사는 사람 찾아가기
039	한 해 동안 감사한 분 목록 만들기	089	오래된 관계 찾아보기
040	한 해 동안 미안한 분 목록 만들기	090	가장 잘 아는 선물 분야 하나 고르기
041	최고/최악의 선물 리스트 만들기	091	옛날 사람에게 연락하기
042	거절 연습하기	092	휴대전화 연락처 그룹 만들기
043	약속 상대방의 SNS 살펴보기	093	주소록관리 어플리케이션 설치하기
044	새로 만난 분에게 2일 이내 연락하기	094	좋아하는 대화주제 세 가지 정해두기
045	외근 길에 간식 사기	095	기념일 기록하기
046	하루 15분 가족 대화시간 만들기	096	단둘의 특별한 약속 만들기
047	최근 연락기록 살펴보기	097	대답하기 쉬운 질문 만들기
048	자녀 이름 기억하기	098	재미있는 연말모임 기획하기
049	모바일 명함 만들기	099	선물 사진첩 만들기
050	즐겁게 인사해 보기	100	인맥 만들고 싶은 직업 정하기
		101	관계 매뉴얼 만들기

자료 : 윤선현. 관계정리가 힘이다, 위즈덤하우스.

2. 시간 관리

'Time is gold', '시간이 금이다.'라는 말을 우리는 시간에 대한 정의 중 우리가 가장 많이 떠올리는 말이다. 금이 돈을 대신하던 시절에 나온 이 말을 요즘은 'Time is money', '시간이 돈이다'라고 말한다. 시간이 돈이라는 관점에서 보면, 우리는 시간을 돈처럼 사용해야 한다는 뜻인데, 우리는 과연 이 시간을 얼마나 아껴 쓰고 좋은 곳에 쓰고 있는가를 생각해 보아야 할 것이다.

누군가 매일 아침 86,400원씩 나에게 입금해 준다고 하자. 오늘 입금된 돈은 오늘만 사용할 수 있다. 매일 저녁 잔액은 자동으로 0원이 된다면, 우리는 그 돈을 어떻게 사용할 것인가? 아마 단 100원도 남기지 않고 다 쓰려고 노력할 것이다.

하루 24시간을 초 단위로 바꾸면 86,400초이다. 우리는 매일 아침 86,400초를 선물받는다. 그것은 누구에게나 똑같이 주어진다. 그러나 어떤 사람은 하루를 30시간 같이 쓰고, 어떤 사람은 5시간 같이 쓴다. 그날 사용하지 않은 시간은 자동으로 0이 된다. 이처럼 시간은 저장할 수 없다는 특성이 있다.

시간은 담겨져 있지 않고 쉼 없이 흘러간다. 흘러가는 시간을 붙잡거나 명령할 수는 없다. 시간을 저장하거나 빌려올 수는 없지만, 시간을 관리하고 조절할 수는 있다. 어떻게 시간을 잘 관리하는가가 결과적으로 어떻게 잘 사는가와 직결된다. 시간을 잘못 사용하거나 낭비하는 사람들은 공통적으로 잘못된 개인적 습관이나 특성이 있다. 아무리 바쁜 사람도 자신이 사용한 시간의 80% 이상을 몇 안 되는 활동을 하는데 집중적으로 사용한다고 한다. 이 말은 대부분의 사람들은 하루 중 무의식중에 20% 정도의 시간을 낭비하고 있다는 말이다. 시간을 낭비하는 습관의 대부분은 자신이 그것을 자각하며 제거하려고 노력한다면 확실히 줄일 수 있다. 시간의 진짜 길이는 그것을 사용하는 사람에 따라 얼마든지 달라질 수 있다. 시간을 가치 있게 사용하는 방법을 알아야 하는 이유가 여기에 있다.

경영이란, 창의적인 방법으로 가치를 키우는 것이다. 시간이란, 그것을 어떻게 사용하느냐에 따라 그 가치가 얼마든지 달라질 수 있다. 그러므로 '시간 관리'라는 말은 '시간 경영'이란 말로 바꿔 쓸 수 있다. 우리는 시간을 관리하는 것 그 이상으로 경영해야 한다.

(1) 효율적인 시간 관리기법

효과적인 시간 관리의 의미를 제대로 이해하기 위하여 시간을 구분해 보면 다음과 같다.

첫째, 실시간Real Time이다. 이는 거리나 공간에 관계없이 하나의 사건을 동일한 시점에 접하는 것을 의미한다. 과학기술의 발달로 우리는 지구 반대편에 있는 곳의 상황도 실시간으로 알 수가 있다. 둘째, 물리적 시간Physical Time이다. 물리적 시간은 계측기에 의해서 나타나는 시간이다. 예컨대, 시 · 분 · 초 등이 여기에 해당된다. 셋째, 심리적 시간psychological Time이다. 심리적 시간은 물리적 시간과는 달리 기간의 질적인 속성과 관계가 있다. 심리적 시간에 영향을 주는 것은 시간에 대한 마음가짐에 달려 있지만 환경의 영향도 무시할 수 없다. 넷째, 종교적 시간Religious Time이다. 종교적 시간은 그 사회의 내세관을 반영해 준다. 불교의 겁(劫)이나 찰나(刹那) 등이 이에 해당한다.

시간 관리는 개인의 가치에 부합하는 삶을 위해서 시간 자원을 배분하고 조정하는 의식적인 행위를 말한다. 시간 관리 차원에서 시간의 종류는 양적 시간과 질적 시간으로 구분된다. 양적 시간이란 흔히 달력과 시계로 표현되는 시간이다. 즉 일 년, 한 달, 하루, 한 시간, 일 분 등과 같은 것이 여기에 해당된다. 일을 진행하는 과정에서 양적 시간은 중요한 의미를 가진다. 어떤 일을 시작하고 마무리하는데 걸리는 시간에는 반드시 양적 시간의 개념이 필요하다. 만약 양적 시간을 고려하지 않고 어떤 일을 계획한다면, 시간이 부족하여 의도한 결과를 얻지 못하거나 시간이 너무 많이 남아 필요 없는 것에 허비할 수도 있다. 질적 시간은 타이밍을 말한다. 일에는 적절한 시기가 필요하며 양적 시간과 상관없이 그 시기에는 반드시 마무리해야 하는 일이 있다. 예를 들면, 공부하는 시기, 취업해야 하는 시기 등이 질적 시기에 해당되며, 질적 시간, 즉 적절한 타이밍을 놓치게 되면 실패할 가능성이 높게 된다.

21세기 새로운 물결에 대응하기 위해서는 기본적으로 시간 관리의 기술을 습득해야 한다. 성공적인 시간 관리로 얻게 되는 이익을 정리해 보면 다음과 같다. 첫째, 성공적인 시간 관리는 보다 가치 있는 일에 많은 시간을 투자함으로써 일의 생산성을 높인다. 둘째, 일과 휴식의 균형을 맞출 수 있다. 시간 관리는 여유와 적당한 긴장을 유지할 수 있게 한다. 셋째, 여가활동을 할 수 있다. 운동, 친목 모임, 취미 생활 등에 시간을 투자할 수 있다. 넷째, 건강한 삶을 살게 한다. 체계적인 시간 관리는 스트레스를 감소시켜 심리적으로 육체적으로 건강하게 한다. 다섯째, 일에 대한 목표 달성이 쉬워질 뿐만 아니라 인생의 목표 달성도 쉬워진다.

효율적인 시간을 관리하는 방법은 다음과 같다.

- 아날로그시계를 활용한다.
- 수첩을 잘 활용한다.
- 책상 앞에 달력과 시간표를 붙여놓는다.
- 취침시간을 일정하게 한다.
- 우선순위를 만든다.
- 여유시간은 반드시 필요하다.
- 해야 할 공부나 일을 중심으로 시간을 계산한다.
- 급한 일과 중요한 일을 구분하여 수행한다.

실습

시간 관리 진단

각 문항에 대해여 점수를 부여하고 각각의 합계를 적어봅시다.

전혀 그렇지 않다 1 / 그렇지 않다 2 / 어느 정도 그렇다 4 / 매우 그렇다 5

문 항	내 용	점 수
1	나는 항상 시간에 쫓기며 살아간다.	
2	나는 언제나 다급하고 바쁜 상태로 생활한다.	
3	나는 당장 해결하지 않으면 안 되는 일거리가 많다.	
4	나는 늘 당장 눈앞에 닥친 문제 해결에 초점을 맞춘다.	
5	나는 늘 할 일에 비해 시간이 부족하다는 느낌이 든다.	
6	나는 일이 끝나면 스트레스를 많이 받는 편이다.	
합계(A) :		

문 항	내 용	점 수
1	나는 마음의 여유를 가지고 생활한다.	
2	나는 항상 미래를 준비하고 계획하며 산다.	
3	나는 일의 우선순위를 따져 실행에 옮긴다.	
4	나는 일에서 일관되고 지속적인 성취감을 얻는다.	
5	나는 매사에 'Yes'와 'No'가 분명한 편이다.	
6	나는 일에서 심리적인 만족과 안정감을 얻는다.	
합계(B) :		

문 항	내 용	점 수
1	나는 상대방의 요구에 거절을 못한다.	
2	나는 남을 도와주느라고 내 일을 못할 때가 많다.	
3	나는 일을 하다보면 우선순위가 낮은 일을 하는 경우가 많다.	
4	나는 어떤 일을 만나면 늘 바쁜데, 성과는 없다.	
5	나는 내가 일의 희생자라고 생각한다.	
6	나는 무슨 일을 하고 나면 마음이 허전하고 씁쓸할 때가 많다.	
	합계(C) :	

문 항	내 용	점 수
1	나는 지금 하고 있는 일에 흥미나 보람을 못 느낀다.	
2	나는 시간이 지나도 늘 그 자리에 있는 느낌이다.	
3	나는 늘 생활이 지루하고 따분하다.	
4	나는 시간이 남아 무엇을 해야 할지 모를 때가 많다.	
5	나는 소일거리나 시간 때울 거리를 찾을 때가 많다.	
6	나는 무력감이 들거나 자신이 싫어질 때가 많다.	
	합계(D) :	

자료 : 손원영 · 김지영. 대학생의 진로 설계, 학지사.

(2) 시간 관리의 네 가지 유형

시간은 누구에게나 주어진 공평한 자원이므로 어떻게 관리하느냐에 따라 그 효율성이 결정된다. 효율적인 시간 관리는 목표와 계획을 중심으로 상황에 따라 유연하게 대처하는 것을 통해 이루어지는 경우가 많다. 또한 시간 관리는 자기계발이나 여가생활과 관련된 중요한 과제이기도 하다. 시간의 중요성을 깨달아 시간을 관리하는 능력을 키운다면, 보다 풍요롭게 자신이 지향하는 삶을 살아갈 수 있다.

인간의 삶의 질을 결정하는 시간을 효과적으로 이용하기 위해 시간 관리는 필수사항이다. 시간 관리에서 특히 중요한 것은 일의 우선순위를 파악하는 것이다. 시간 관리 매트릭스는 일의 '중요도와 긴급 정도' 두 가지 기준을 네 가지 영역으로 나누어 일의 우선순위를 구분하는 간단하면서도 효과적인 방법이다.

① 긴중 : 긴급하고 중요한 일

반드시 해야 할 일이면서도 급하게 해야 할 일이다. 우선순위에서 가장 핵심이라고 할 수 있다. 중요하면서도 급하기 때문에 1순위에 놓아야 할 일들이므로 최대한 빠른 시한 내에 처리하는 것이 좋다. 핵심적인 일이기 때문에 그 일에 최대한 몰입하여 좋은 성과를 내야 한다. 여기서 유의해야 할 점은 이 영역의 일들이 과도하게 많으면 심한 스트레스를 받게 된다. 사전에 미리 체계적인 계획을 세워 편안하게 대처할 수 있도록 해야 한다. 그래서 최대한 '안긴중' 영역으로 보내어 삶을 보다 여유롭게 살도록 해야 한다.

- 제출기한이 임박한 과제
- 다가온 중간고사, 기말고사 시험
- 시험 전날의 시험공부
- 곧 있을 회의의 자료 준비
- 출근시간에 늦은 경우

- 긴급 보고서
- 가족의 경조사

② 안긴중: 긴급하지는 않지만 중요한 일

중요한 일이지만 급하게 할 필요는 없는 일, 누군가가 체크하거나 재촉하지 않는 일이다. 여유롭지만 어느 기간 내에 처리해야 하는 일이다. 대개 중장기적인 일이 여기에 속한다. 이런 일은 급한 일에 밀려서 자꾸 뒤처지지만, 계속 미루다보면 감당할 수 없는 큰 문제가 발생하는 경우가 많다. 따라서 이러한 일을 잘하려면 충분히 검토한 후 계획을 꼼꼼하게 세우고 세분화하여 긴급한 일로 만드는 것도 한 가지 방법이다. 지금 당장 급하지 않다고 해서 이 일의 중요성을 간과하여 바쁜 일상을 보내다보면 이 영역의 일들이 우선순위에서 밀리는 경우가 많다, 그러므로 이 영역이 소외되지 않도록 스스로 확인하고 점검하는 노력이 지속적으로 이루어져야 한다,

- 건강관리
- 운동
- 외국어 공부
- 자격증 취득
- 진로설계를 위한 자기분석
- 삶의 가치관 및 비전 확립
- 봉사활동
- 취미활동
- 재충전을 위한 여행
- 적당한 휴식
- 인간관계 관리

③ 긴안중 : 긴급하지만 중요하지 않은 일

갑자기 끼어들어 처리해야 하지만 그다지 중요하지 않은 일을 말한다. 즉 중요하지는 않지만 긴급한 일이므로, 당장 처리해야 하는 일이지만 큰 의미는 없다고 볼 수 있다. 누군가의 재촉이나 기다림으로 발생하고 차마 거절하지 못해 그 일을 하지만, 지나고 보면 불필요한 일이라는 것을 깨닫는 것이다.

일처리를 빨리 하려면 가장 바쁜 사람에게 부탁하라는 말이 있다. 어쩌면 매우 바쁜 사람은 중요한 일은 미뤄 둔 채 누군가가 기다리고 있는 긴급한 일에만 매달리기 때문에 늘 바쁘고, 결국 자신의 일도 긴급하고 중요한 일이 되어서야만 처리하게 되므로 늘 더욱 바빠지는 특성을 가지고 있는지도 모른다. 만약 자신이 이 영역에 해당된다면 이 영역의 일을 과감히 줄이거나 위임 또는 배제시켜야 한다. 그렇게 하지 않으면 여유롭지 못한 생활은 지속될 것이며, 심신은 지쳐 에너지 소진 현상이 생길 수밖에 없다.

- 불시에 찾아온 손님 맞이하기
- 중요하지 않은 전화, 이메일
- 쓸데없는 참견
- 불필요한 각종 모임
- 주변 사람들이 부탁한 일
- 예정에 없던 술자리
- 중요하지 않은 방문
- 불필요한 보고서 및 회의

④ 안긴안중 : 긴급하지도 않고 중요하지도 않은 일

긴급한 일도 아니고 중요한 일도 아니지만, 우리 시간의 일부를 차지하는 일이다. 일명 시간 낭비의 주범이라 한다. 이러한 일에 보내는 시간이 많은 사람은 대개 효율적이지 못하고 목표나 계획 없이 시간을 낭비하는 사람일 수 있다. 가끔은 이런 일들도 해야 할 때가 있지만 중요한 일을 방해할 정도가 되어서는 안 된다.

자신의 비전 수립 과정에서 이 영역의 일이 자주 발견된다면 자신의 삶 태도를 재점검할 필요가 있다. 자기관리의 측면에서 이 영역의 일은 과감히 없애는 것이 바람직하다.

- 불필요한 인터넷 서핑
- TV시청
- 과도한 쇼핑
- 과도한 음주가무
- 아침 늦은 시간까지 늦잠 자기
- 잦은 흡연
- 정말 해야 할 일을 회피하기 위해 시간을 보내는 게임이나 채팅

연구에 따르면, 사람들은 '긴안중', 즉 긴급하지만 중요하지 않은 일에 시간의 50%를 보낸다고 한다. 그리고 '긴중', 즉 긴급하고 중요한 일에 30%, 그 외의 일에 각각 10%씩을 보낸다고 한다. 그렇다면 정작 중요한 일을 처리하는 시간은 하루의 1/2이 채 되지 않는다는 것이다.

(3) 시간 일정표 활용

시간 관리는 일정표 활용으로 구체화 할 수 있다. 하루를 마감하는 시간에 오늘 하루의 일정표를 살펴보자. 그리고 내일, 모레의 일정표를 작성해 보자. 어떤 일을 언제 하는 것이 좋을지 전략을 세워야 시간의 가치가 커진다. 하루를 시작하는 시간에도 그날의 일정표를 살펴보자. 오늘 선물 받은 주어진 시간을 어디에 어떻게 쓸 것인지 계획을 세워야 시간의 가치는 더 커진다.

실습

일정표 활용

시 간	월	화	수	목	금	토	일

자료 : 허은영. 소년 진로코칭, 우리교육의 내용을 재구성.

생각해 봅시다

새 습관을 몸에 익히는 방법 7가지

1. 결심하라.
항상 특정 방식으로 행동한다고 단단히 결심하라.
예를 들어, 매일 아침 일찍 일어나 운동을 하겠다는 결심을 하면, 그 시간에 자명종 시계가 울리도록 하라. 시계가 울리면 즉시 일어나 운동복으로 갈아입고 운동을 시작하라.

2. 예외를 인정하지 마라.
새 습관의 형성기에 예외를 인정하지 말라.
핑계를 만들지 말고 합리화하지 말라. 의무를 저버리지 말라. 매일 아침 6시에 일어나기로 결심하면, 자동적인 습관이 될 때까지 6시에 일어나는 연습을 반복하라.

3. 다른 사람에게 말하라.
특정한 행동 습관을 익히는 중이라고 주변 사람들에게 말하라.
결심을 밀고 나가는 당신을 지켜보는 사람이 있다고 생각할 때, 당신은 놀랄 만큼 굳은 결심으로 원칙을 지켜나간다.

4. 새로운 자신을 시각화하라.
마음의 눈으로 특정한 방식으로 행동하는 자신을 보라.
새 습관을 이미 익힌 당신의 모습을 더 자주 시각화하고 상상하라. 새 습관은 더 자주 시각화할수록, 더 빨리 무의식 속으로 들어가고 자동적인 버릇이 된다.

5. 확언하라.
스스로 반복해서 확언하라. 습관을 형성하는 속도를 높여줄 것이다.
예를 들어 "나는 매일 아침 6시에 일어나 일을 시작할 거야!"라고 말할 수 있다. 자기 전에 이 말을 반복하라. 대부분의 경우 시계가 울리기 전에 저절로 깨기 때문에 곧 자명종 시계가 필요 없어질 것이다.

6. 굳은 결심으로 밀어붙여라.
결심한 일을 하지 않으면 불편함을 느낄 정도로, 새 습관이 자동적이고 쉬운 일이 될 때까지 계속 연습하라.

7. 자신에게 보상하라.
가장 중요한 일은 새 습관을 익히는 자신을 잘 대우하는 것이다.
스스로에게 보상을 할 때마다 행동을 재확인하고 강화하게 된다. 무의식 속에서 보상의 즐거움을 만끽하는 것이다. 행동이나 결심의 성과로 얻는 긍정적 결과에 대해 강한 애착을 보일 것이다.

–「자기계발 사전」 중에서

CHAPTER 04

회복탄력성

학습목표
- 회복탄력성을 설명할 수 있다.
- 회복탄력성의 구성요소를 분류할 수 있다.
- 회복탄력성 향상 방법을 계획하고 실천할 수 있다.

1. 회복탄력성

회복탄력성은 자신에게 닥치는 온갖 역경과 어려움을 오히려 도약의 발판으로 삼는 힘이다. 성공은 어려움이나 실패가 없는 상태가 아니라 역경과 시련을 극복해 낸 상태를 말한다. 떨어져 본 사람만이 어디로 올라가야 하는지 그 방향을 알고, 추락해 본 사람만이 다시 튀어 올라가야 할 필요성을 절감하듯이 바닥을 쳐 본 사람만이 더욱 높게 날아오를 힘을 갖게 된다. 이것이 바로 회복탄력성의 비밀이다.

우리의 삶은 온갖 역경과 어려움으로 가득 차있다. 물론 행복한 일도 있지만 그보다는 힘든 일, 슬픈 일, 어려운 일, 가슴 아픈 일이 더 많다. 불행한 일은 항상 행복한 일보다 양도 더 많고 질적으로도 강도가 더 센 것처럼 느껴져서 우리를 좌절하게 만든다는 연구 결과도 있다. 하지만 우리 모두는 인생의 역경을 얼마든지 이겨낼 잠재적인 힘을 지니고 있다. 그러한 힘을 학자들은 회복탄력성Resilience이라 부른다.

성공을 위해서는 반드시 실패가 필요한 법이다. 별다른 고생 없이 평탄한 삶을 산 사람 중에 커다란 업적이나 성취를 이룬 사람은 찾아보기 힘들다. 창업

이래 한 번도 실패나 어려움을 겪지 않은 대기업도 없다. 그것이 세상의 이치다. 위인전에 나오는 위대한 인물들을 보라. 어떤 분야에서든 뛰어난 업적을 남긴 사람들은 대부분 역경을 극복한 사람들이다. 그렇다면 그들은 왜 하나같이 역경을 극복하고 위대한 인물이 되었을까? 바로 여기에 작은 힌트가 숨어 있다. 위인들은 역경에도 '불구하고' 위인이 된 것이 아니라 사실 역경 '덕분에' 위대한 업적을 이룰 수 있었던 것이다.

역경이야말로 사람을 더욱더 강하게 튀어오르게 하는 스프링보드와 같은 역할을 한다. 한 마리의 개구리도 앞으로 뛰려면 반드시 뒤로 움츠려야만 하는 법이다. 만약 모든 일이 술술 풀려 인생에 그 어떤 시련도 없었더라면 가장 위대한 대통령으로 칭송받는 링컨도 보잘 것 없는 시골 변호사로 생을 마감했을 것이고, 처칠 수상은 평생 자그마한 사업이나 운영했을 것이며, 이순신 장군은 이름 없는 말단 장군으로 전전하다가 정년퇴임 당하고 말았을 것이다.

역경으로 인해 나락으로 떨어졌다가도 강한 회복탄력성으로 되튀어 오르는 사람들은 대부분의 경우 원래 있었던 위치보다 더 높은 곳까지 올라간다. 그야말로 실패를 성공의 원동력으로, 오늘의 아픔을 내일의 기쁨인 원천으로 삼는 셈이다. 이들에게 역풍이 오히려 반가운 존재다. 마치 하늘을 나는 연처럼 바람이 불면 더욱더 높이 날아오르기 때문이다.

그런데 이러한 회복탄력성을 누구나 다 발휘할 수 있는 것은 아니다. 마치 고무공처럼 강하게 되튀어 오르는 사람이 있는가 하면, 유리공처럼 바닥에 떨어지는 즉시 산산조각 나서 부서져버리는 사람도 있다. 통계적으로 보면, 고무공보다는 유리공의 비율이 두 배 이상 더 많다. 실패를 성공의 도약으로 삼는 사람들이 오히려 소수다. 따라서 세상에는 성공한 사람보다는 실패한 사람의 숫자가 언제나 훨씬 더 많은 법이다.

회복탄력성은 마음의 근력과 같다. 몸이 힘을 발휘하려면 강한 근육이 필요한 것처럼, 마음이 강한 힘을 발휘하기 위해서는 튼튼한 마음의 근육이 필요하다. 심리학자들에 의하면, 마음의 힘은 일종의 '근육'과도 같아서 사람마다 제한된 능력을 가지고 있으며, 견뎌낼 수 있는 무게도 정해져 있다. 그러나 마음의 근육이 견뎌낼 수 있는 무게는 훈련에 의해 얼마든지 키울 수 있다.

몸의 근육이 몸의 면역력을 높여주듯이, 마음의 근육은 마음의 잔병치레를 막아준다. 회복탄력성은 꼭 커다란 역경을 이겨내기 위해서만 필요한 힘이 아니다. 자잘한 일상사 속에서 겪는 수많은 스트레스와 인생의 고민과 인간관계에서의 갈등을 자연스럽게 이겨내기 위해서도 필요한 힘이다. 사람마다 지니고 있는 회복탄력성의 크기는 천차만별이다. 마치 사람마다 체력의 차이가 존재하는 것과 같다. 체계적인 운동과 훈련을 통해 우리의 체력을 기를 수 있듯이, 회복탄력성도 체계적인 노력과 훈련을 통해 키워나갈 수 있다.

(1) 자기조절 능력

회복탄력성을 구성하는 첫 번째 요소인 자기조절 능력이란, 스스로의 감정을 인식하고 그것을 조절하는 능력이다. 역경이나 어려움을 성공적으로 극복해내는 사람들의 공통적인 특징이기도 하다. 자기조절 능력은 어려운 상황이 닥쳤을 때, 첫째로 스스로의 부정적 감정을 통제하고 긍정적 감정과 건강한 도전의식을 불러일으키며(감정조절력), 둘째로 기분에 휩쓸리는 충동적 반응을 억제하고(충동통제력), 마지막으로 자신이 처한 상황을 객관적이고 정확하게 파악해서 대처 방안을 찾아낼 수 있는(원인분석력) 능력이다. 이처럼 자기조절 능력의 근간을 이루는 것은 감정조절력, 충동통제력, 원인분석력 등의 요소인데, 이러한 능력은 하워드 가드너가 다중지능이론에서 말하는 인성지능과 다니엘 골만이 제안한 감성지능 등과 관련된다.

각각의 지능은 대체로 30~50% 정도는 유전적인 요인에 의해서 선천적으로 결정되지만, 나머지 50~70% 정도는 꾸준하고도 체계적인 훈련과 노력에 의해 얼마든지 향상시킬 수 있다.

(2) 대인관계 능력

회복탄력성이 높은 사람들은 대체적으로 뛰어난 사회성을 지닌 경우가 많다. 역경과 위기가 닥쳤을 때, 회복탄력성이 높은 사람들은 주위 사람들로부터 많은 도움을 받게 되는데 이를 그냥 '운이 좋아서'라고 볼 수만은 없다. 이들은 평소에도 대인관계를 잘 유지해왔기 때문에 어려울 때 자신을 도와줄 사람을 여럿 확보하고 있었다고 보는 것이 더 옳다.

대인관계 능력은 하워드 가드너가 말하는 대인지능 혹은 다니엘 골먼이 말하는 사교적 지능과 관련된다. 그 핵심은 다른 사람의 마음과 감정 상태를 재빨리 파악하고, 깊이 이해하고, 공감함으로써 원만한 인간관계를 맺고 유지하는데 있다. 이러한 능력을 지닌 사람은 주변 사람들의 마음을 잘 헤아려서 편안하게, 행복하게 해준다. 또한 대인지능이 높은 사람은 강한 리더십을 발휘한다. 왜냐하면, 사람들은 본능적으로 자신을 행복하게 해주는 사람을 따르기 때문이다. 리더십을 잘 발휘할 수 있느냐의 문제는 결국 주변 사람들에게 얼마나 행복을 잘 나눠줄 수 있느냐의 문제이다. 사랑하고 사랑받을 수 있는 능력이 곧 대인관계 능력의 핵심이며, 이러한 능력을 키워야 사회적 연결성을 내면화하게 되어 강한 회복탄력성을 지니게 된다.

대인관계 능력은 대인관계 능력을 구성하는 요소인 소통 능력과 공감 능력, 그리고 자아 확장력을 향상시킴으로써 키워나갈 수 있다.

(3) 긍정적 뇌

강한 회복탄력성을 지니기 위해 필요한 것은 결국 두 가지이다. 하나는 자기조절 능력이며, 다른 하나는 대인관계 능력이다. 후천적인 노력을 통해 회복탄력성을 높이려면 자기조절 능력과 대인관계 능력을 향상시켜야 한다. 그리고 이 두 가지를 길러주는 것은 바로 긍정적 정서이다. 긍정적 정서를 키운다는 것은 곧 스스로 행복해짐으로써 자기 통제력을 높인다는 뜻이고, 자신의 행복을 타인에게 나눠줌으로써 대인관계 능력을 향상시킨다는 뜻이다.

행복은 능력이다. 행복은 긍정적 정서를 통해 자신을 자기가 원하는 방향으로 이끌어갈 수 있는 능력이며, 또한 타인에게 행복을 나눠줌으로써 원만한 인간관계와 성공적인 삶을 일구어내는 능력이다. 스스로 행복하고 남을 행복하게 해줄 수 있는 긍정적 정서의 소유자가 강한 회복탄력성을 지니기 마련이다. 긍정적 정서를 지닌다는 것은 뇌를 긍정적인 뇌로 바꿔야 한다는 뜻이다.

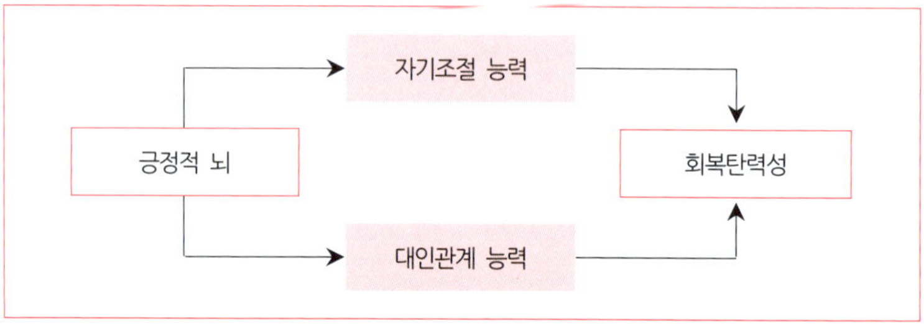

자료 : 김주환. 회복탄력성, 위즈덤하우스.

그림 12 회복탄력성 구성요소

실습

회복탄력성 진단

각 문항을 읽은 후 다음과 같이 점수를 기록한다.

전혀 그렇지 않다 1 / 그렇지 않다 2 / 어느 정도 그렇다 4 / 매우 그렇다 5

	문 항
1	나는 어떤 어려운 일이 닥쳤을 때 감정을 통제할 수 있다.
2	내가 무슨 생각을 하면, 그 생각이 내 기분에 어떤 영향을 미칠지 잘 알아챈다.
3	논쟁거리가 되는 문제를 가족이나 친구들과 토론할 때 내 감정을 잘 통제할 수 있다.
4	집중해야 할 중요한 일이 생기면 신바람이 나기보다는 더 스트레스를 받는 편이다.
5	나는 내 감정에 잘 휘말린다.
6	때때로 내 감정적인 문제 때문에 학교나 직장에서 공부하거나 일할 때 집중하기 힘들다.
7	당장 해야 할 일이 있으면 나는 어떠한 유혹이나 방해도 잘 이겨내고 할 일을 한다.
8	아무리 당황스럽고 어려운 상황이 닥쳐도, 나는 내가 어떤 생각을 하고 있는지 스스로 잘 안다.
9	누군가가 나에게 화를 낼 경우, 나는 우선 그 사람의 의견을 잘 듣는다.
10	일이 생각대로 잘 안 풀리면 쉽게 포기하는 편이다.
11	평소 경제적인 소비나 지출 규모에 대해 별다른 계획 없이 지낸다.
12	미리 계획을 세우기보다는 즉흥적으로 일을 처리하는 편이다.
13	문제가 생기면 여러 가지 가능한 해결 방안에 대해 먼저 생각한 후에 해결하려고 노력한다.
14	어려운 일이 생기면 그 원인이 무엇인지 신중하게 생각한 후에 해결하려고 노력한다.
15	나는 대부분의 상황에서 문제의 원인을 잘 알고 있다고 믿는다.
16	나는 사건이나 상황을 잘 파악하지 못한다는 이야기를 종종 듣는다.
17	문제가 생기면 나는 성급하게 결론을 내린다는 이야기를 종종 듣는다.
18	어려운 일이 생기면, 그 원인을 완전히 이해하지 못했다 하더라도 일단 빨리 해결하는 것이 좋다.
19	나는 분위기나 대화 상대에 따라 대화를 잘 이끌어갈 수 있다.
20	나는 재치 있는 농담을 잘한다.
21	나는 내가 표현하고자 하는 바에 대한 적절한 문구나 단어를 잘 찾아낸다.
22	나는 윗사람과 대화하는 것이 부담스럽다.
23	나는 대화중에 다른 생각을 하느라 대화 내용을 놓칠 때가 종종 있다.
24	대화를 할 때 하고 싶은 말을 다하지 못하고 주저할 때가 종종 있다.

25	사람들의 얼굴 표정을 보면 어떤 감정인지 알 수 있다.
26	슬퍼하거나 화를 내거나 당황하는 사람을 보면 그들이 어떤 생각을 하는지 잘 알 수 있다.
27	동료가 화를 낼 경우 나는 그 이유를 꽤 잘 아는 편이다.
28	나는 사람들의 행동방식을 때로는 이해하기 힘들다.
29	친한 친구나 애인 혹은 배우자로부터 "당신은 나를 이해 못해."라는 말을 종종 듣는다.
30	동료와 친구들은 내가 자기 말을 잘 듣지 않는다고 한다.
31	나는 내 주변 사람들로부터 사랑과 관심을 받고 있다.
32	나는 내 친구들을 정말로 좋아한다.
33	내 주변 사람들은 내 기분을 잘 이해한다.
34	서로 도움을 주고받는 친구가 별로 없는 편이다.
35	나와 정기적으로 만나는 사람들은 대부분 나를 싫어하게 된다.
36	서로 마음을 터놓고 얘기할 수 있는 친구가 거의 없다.
37	열심히 일하면 언제나 보답이 있으리라고 생각한다.
38	맞든 아니든, "아무리 어려운 문제라도 나는 해결할 수 있다."고 일단 믿는 것이 좋다고 생각한다.
39	어려운 상황이 닥쳐도 나는 모든 일이 다 잘 해결될 거라고 확신한다.
40	내가 어떤 일을 마치고 나면, 주변 사람들이 부정적인 평가를 할까봐 걱정한다.
41	나에게 일어나는 대부분의 문제들은 나로서는 어쩔 수 없는 상황에 의해 발생한다고 믿는다.
42	누가 나의 미래에 대해 물어보면, 성공한 나의 모습을 상상하기 힘들다.
43	내 삶은 내가 생각하는 이상적인 삶에 가깝다.
44	내 인생의 여러 가지 조언들은 만족스럽다.
45	나는 내 삶에 만족한다.
46	나는 내 삶에서 중요하다고 생각한 것들은 다 가지고 있다.
47	나는 다시 태어나도 나의 현재 삶을 다시 살고 싶다.
48	나는 다양한 종류의 많은 사람들에게 고마움을 느낀다.
49	내가 고맙게 여기는 것들을 모두 적는다면, 아주 긴 목록이 될 것이다.
50	나이가 들어갈수록 내 삶의 일부가 된 사람, 사건, 생활에 대해 감사하는 마음이 더 커져간다.
51	나는 감사해야 할 것이 별로 없다.
52	세상을 둘러볼 때, 내가 고마워 할 것은 별로 없다.
53	사람이나 일에 대한 고마움을 한참 시간이 지난 후에야 겨우 느낀다.

자료 : 김주환. 회복탄력성, 위즈덤하우스.

〈채점 및 점수 해석방법〉

4, 5, 6, 10, 11, 12, 16, 17, 18, 22, 23, 24, 28, 29, 30, 34, 35, 36, 40, 41, 42, 51, 52, 53번 문항에 대해서는 6에서 자신의 점수를 빼고 계산한다.

생각해 봅시다

행복을 깨닫게 해주는 감사 일기

누군가에게 깊은 고마움을 느낄 때 심장의 심박 변이도가 규칙적인 패턴으로 변환이 일어나며, 교감과 부교감 신경이 균형과 조화를 이루어 편안한 안정감 속에 몰입적인 인지활동이 최적의 상태로 일어납니다. 또 혈압, 혈당, 스트레스 호르몬 등이 낮아지며, 반대로 안정과 활력을 주는 DHEA 호르몬이 생성되어 피부가 고와지고 면역력이 증가하며 활력 에너지가 충전되게 됩니다. 인지적으로 집중력과 기억력이 증강되고 전두엽이 활성화되어 창의력, 문제 해결력, 직관력, 업무 수행력이 증가한다는 것이 연구로 밝혀졌습니다.

하루에 2~3분 정도 시간을 내어 깊은 고마움을 느끼면서 한 줄이라도 감사한 대상에게 고마움을 적어보세요. 대수롭지 않고 당연하게 여기던 크고 작은 일에 관심을 기울이게 되고, 오감을 통한 생생한 행복감을 맛볼 수 있을 것입니다.

- 중략 -

오늘 하루 내가 살아있고 숨 쉬며 활동할 수 있게 도와준 사람, 대상, 상황, 자연 등을 떠올려봅니다. 구체적으로 떠오르는 한 대상에게 무엇이 어떻게 고마운지를 짤막한 편지처럼 적어봅니다.

〈감사일기 예〉
택시 기사님, 아까 제가 시장을 보고 짐이 많아 힘들었는데, 집 앞까지 언덕을 올라와주셔서 감사합니다. 싫은 내색도 하지 않으시고 대문 앞에 짐을 내려주셔서 참 고마웠습니다.

–「행복일기」 중에서

CHAPTER 05

스트레스 관리

학습목표

- 스트레스와 수행 능력 간의 법칙을 설명할 수 있다.
- 스트레스의 종류를 이해하고 설명할 수 있다.
- 스트레스 관리법을 적용할 수 있다.

스트레스Stress가 과잉시대이다. 우리의 마음에 긴장이나 장애가 발생할 때 우리는 그곳에 스트레스라는 딱지를 붙이지만, 현대를 살아가는 사람에게 이것을 피해갈 수 있는 방법은 없다. 하지만 스트레스는 삶의 양념이다. 양념이 너무 진해도, 아니면 너무 약해도 제 맛이 나지 않는 것처럼 삶의 스트레스도 적당할 때 성장을 위한 비료가 된다.

1. 스트레스의 의미

일반적으로 스트레스는 삶을 괴롭게 하는 부정적인 압력, 불쾌한 일이나 사건을 말한다. 하지만 스트레스에 대한 지각은 사람마다 다르다. 이것 때문에 스트레스를 정의하는 일은 곤혹스러운 일이기도 하다. 예컨대, 어떤 시간까지 끝마쳐야 할 일을 두고 A는 몹시 불안해하고 안절부절하지만, B는 신바람이 나고 의욕을 솟구치게 하는 도전거리를 만났다고 기뻐한다. 어떻게 하면 B처럼 일거리를 앞두고 신바람 나고 의욕에 차 도전적 태도가 될 수 있을까?

초기에 '스트레스Stress'라는 개념은 '물리적 압박Physical Strain'의 개념으로 사용되다가 20세기에 들어서면서 스트레스를 하나의 질병이나 정신질환의 원인으로 간주하기 시작했다. 20세기 후반, 스트레스를 처음 과학적으로 연구한 저명한 내분비학자 한스 셀리Hans Selye 박사는 "스트레스란 삶에 도전적인 것이고 삶에 유용한 것"이라고 했지만, 스트레스가 만성적으로 오래 작용하거나 지나치게 많이 작용하면 몸이 더 이상 이겨내지 못해서 병이 생긴다고 했다. 하버드 대학 생리학자 여키스Robert Yerkes와 닷슨John Dodson 또한 스트레스와 불안은 어느 정도까지 증가할 때는 수행 능력과 효율성이 증가하지만, 어느 선을 넘어서면 수행 능력과 효율성이 오히려 감사하기 시작한다고 했다. 그래서 이 두 과학자는 스트레스와 수행 능력 사이에는 그림 13과 같은 관계성이 형성된다고 하였다.

스트레스는 불안이 지나치게 낮거나 높을 때는 수행 능력이나 효율성이 낮고, 중간 정도일 때 수행 능력과 효율성이 최고의 상태로 양호하게 된다. 따라서 작업 장면에서 스트레스가 너무 없어도, 너무 많아도 생산성과 효율성이 떨어진다. 적절한 스트레스를 부과하면 최고의 생산성과 효율성이 따른다. 즉 스

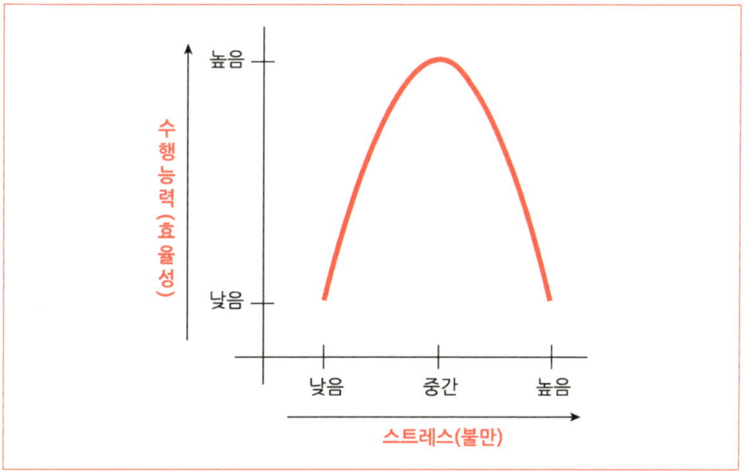

자료: 장현갑. 스트레스는 나의 힘, 불광출판사.

그림 13 스트레스와 수행 능력 간의 법칙

트레스가 너무 적은 단조로운 상태나 너무 극심한 상태에서는 건강에 이상이 생기지만, 적절할 때는 신바람이 나고, 건강하고, 행복해진다.

표 15 스트레스 증상

신체적 증상		
피로	복통	목과 어깨가 뻐근하다.
등의 통증	어지러움	수족냉증
두통	생리불순	수면곤란, 선잠
불규칙한 맥박	위통	몸에 열이 난다.
더위를 탄다.	피로	추위를 탄다.
수면욕구	머리가 조이는 느낌	감기에 걸리기 쉽다.
숨막힘	구토	변비
발이 무거움	관절통	설사
얼굴이 쉽게 붉어진다.	식욕저하	성욕저하

심리적 증상	
집중하지 못한다.	사리판단이 곤란해진다.
여러 가지 일에 부담을 느낀다.	무서워진다.
외치고 싶은 충동	남과 만나기 싫어진다.
삶의 희망을 상실	삶의 보람을 느끼지 못한다.
즐겁지 않다.	주위 사람들이 차갑게 느껴진다.
아침에 일어나는 것이 고되다.	자신감이 없다.
머리가 맑지 않다.	무감동
남과 어울리지 못한다.	긴장
불안, 근심	무력감
침착하지 못하다.	압박감
우울하다.	원기가 없다.
의욕이 없다.	수면욕구가 강해진다.

행동적 증상	
계단에서 걸리기·쉽다.	난폭해진다.
과식	과도한 활동을 한다.
거식(음식 거부)	활동이 저하된다.
낭비	과민해진다.
과묵해진다.	불면
스릴 추구	자살기도
호색	흡연, 음주 증가
공격적	말이 많아진다.

자료 : 손원영 · 김지영. 대학생의 진로 설계, 학지사.

2. 스트레스의 종류

누구나 어떤 이유에서든지 간에 스트레스를 한 번쯤은 경험했을 것이다. 하지만 같은 상황이라 해도 개인에 따라 스트레스를 경험하는 수준은 다르다. 따라서 그에 대한 반응도 달리 나타난다. 또 어떤 종류의 스트레스냐에 따라서도 다르게 반응한다. 즉 스트레스에 대한 반응은 주관적이라고 말할 수 있다.

(1) 사회적 스트레스

일이 너무 많다. 생활이 불규칙하고 야근이 많다. 대출, 구조조정, 파산, 도산 등과 같이 사회적 관계 속에서 나타나는 스트레스이다.

(2) 인간관계에서 오는 스트레스

직장 상사, 동료, 부하 직원과의 원활하지 못한 인간관계, 가정 내의 문제, 친척과의 문제, 친구와의 문제 등 사람들과의 관계에서 오는 스트레스이다.

(3) 물리적 스트레스

너무 덥다, 너무 춥다, 저기압, 고기압, 근로 형태 등으로 인해 발생하는 물리적 · 화학적 자극 등에서 발생하는 스트레스이다.

(4) 정신적 스트레스

가족이나 친척의 병 또는 죽음, 불행, 재산 상실, 실연, 사업이나 시험의 실패 등 어떤 일로 인해 정신적인 부담, 비뚤어진 성격에서 오는 심리적인 스트레스이다.

(5) 환경적 스트레스

소음, 대기오염, 어두운 조명, 진동 등 환경이 나쁜 곳에서 생활하거나 일하고 있음으로써 생긴다.

(6) 육체적 스트레스

질병, 상처로 인한 고통, 일로 인한 피로, 수면부족 등으로 인해 생기는 스트레스이다.

3. 스트레스 극복방안

스트레스의 대처 방법은 상황에 따라 달라질 수 있다. 따라서 여기서는 세 가지 통합적인 관점에서 극복할 수 있는 방안을 제시하고자 한다.

(1) 정서적 안녕의 유지

많은 사람들은 스트레스를 만나면 정서적으로 반응한다. 스트레스를 만났을 때 정서적 안녕을 위해 자신만의 전략을 개발할 필요가 있다. 정서는 스트레스 상황에서 어떻게 반응하는가를 결정하는데 중요한 역할을 한다. 정서적 안정감을 유지하게 되면 과다한 스트레스로부터 보호가 된다. 정서적 안녕을 유지하는 네 가지 방책이 있는데, 때와 장소에 따라 유용성이 달라질 수 있다.

- 정서적 긴장감의 표출
- 정서적인 스트레스 장면에서 초월
- 정서적 지지자를 구함
- 정서적 에너지의 소비 감소를 위한 정서 통제

(2) 신체적 안녕의 유지

신체적 안녕은 특히 정서적 안녕과 매우 밀접하게 관련되어 있다. 건강한 신체는 정서적으로 건강하게 하고 삶을 보다 적극적으로 살아가도록 해준다. 스트레스를 이겨내는 신체적 전략으로는 다음과 같은 것들이 있다.

- 적절한 음식을 섭취한다.
- 건강을 증진시킬 운동 프로그램을 개발한다.
- 충분한 휴식과 이완을 취한다.
- 신체를 화학적으로 안정된 균형을 유지한다.
- 깊은 이완을 취하는 프로그램을 개발시켜 준다.

(3) 정신적 안녕의 유지

정신적 안녕의 유지와 관련된 전략은 이른바 정신적 안녕을 유지하려는 것으로서 내적인 힘을 길러 스트레스에 대응하려 하는 기법이다. 정신적 안녕의 유지를 위한 기법으로는 다음과 같은 것들이 있다.

- 삶에 대해 긍정적 자세를 취한다.
- 현실적 기대감을 받아들임으로써 내적 균형을 취한다.
- 삶에 대해 자기관리적 입장을 취한다.

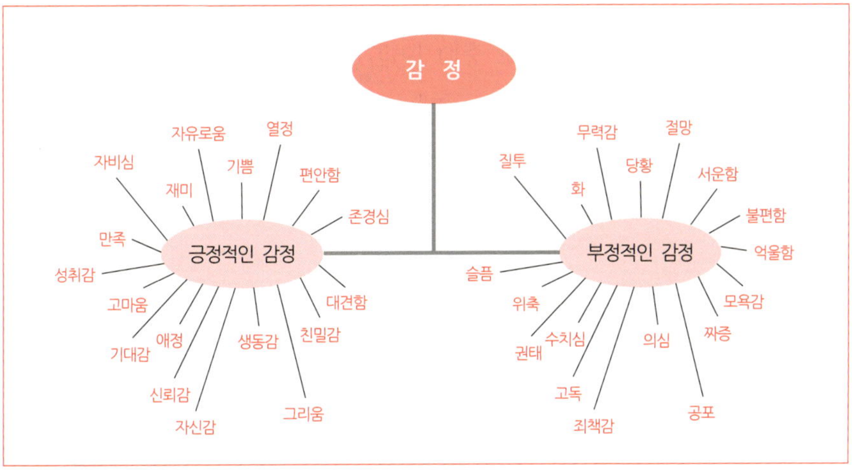

자료 : 최정원 · 이영호. 효과적인 시간 · 공간 관리전략 및 학업 스트레스 관리전략, 학지사.

그림 14 감정의 분류

표 16 감정 형용사

【긍정적 감정 형용사 목록표】

구 분	감정 형용사
감사 / 감동 / 감탄	가슴 뭉클한, 감격한, 감동받은, 감사하는, 경이로운, 고마운, 깜짝 놀란, 놀라운, 신기한, 찡한
고양됨 / 흥분됨	가슴이 디질 것 같은, 각성된, 고양된, 기쁨에 넘치는, 날아갈 것 같은, 들뜬, 뛸 듯이 기쁜, 만끽하는, 매혹된, 벅찬, 설레는, 신나는, 야릇한, 열렬한, 우쭐한, 자극받은, 정열(열정)을 느끼는, 짜릿한, 쾌감을 느끼는, 통쾌한, 환희에 찬, 황홀한, 흥분되는, 흥분으로 떨리는
사랑스러운 / 자비심	다정한, 동정심을 느끼는, 따듯한, 마음이 끌리는, 마음이 쓰이는, 마음이 열리는(통하는), 부드러운, 사랑스러운, 사랑이 넘치는, 애정을 느끼는, 애착이 가는, 애틋한, 온화한, 자비로운, 푸근한, 친근한
안도감 / 차분함 / 평화로움	가라앉은(고요하게), 고요한, 긴장이 풀린, 단념한, 마음이 놓이는, 맑은, 안도하는, 안락한, 안심되는, 안정된, 유유자적하는, 이완된, 잔잔한, 잠잠한, 중심을 잡은, 진정된, 차분해진, 체념하는, 충만한, 침착한, 편안한, 평온한, 평정한, 평화로운, 한가로운
유쾌함 / 즐거움 / 만족 / 행복	기꺼운, 기분 좋은, 기쁜, 만족하는, 명랑한, 반가운, 상쾌한, 여한이 없는, 유쾌한, 재미있는, 좋은, 즐거운, 즐기는, 충족된, 행복한, 흐뭇한, 흔쾌한, 흡족한, 흥겨워하는, 흥이 난, 희희낙락하는
자부심 / 자신감	긍지를 느끼는, 당당한, 뿌듯한, 의기양양한, 자랑스러운, 자부심을 느끼는, 자신 있는, 자신만만한, 확고한, 확신하는, 해방감을 느끼는, 개운한, 거칠 것이 없는, 놓여난, 벗어난, 속 시원한, 짐을 벗는, 체증이 내려간, 홀가분한, 풀린, 후련한
활력 / 회복	고무된, 기운찬, 기운이 나는, 되살아난, 발랄한, 밝은, 살아 있는, 상쾌한, 생기 있는, 생생한, 신선한, 힘찬 열의가 생기는, 원기 왕성한, 의욕이 넘치는, 쾌활한, 활기가 넘치는, 활기찬, 활발한, 회복된, 힘이 넘치는
흥미 / 몰입	관심(마음)이 가는, 궁금한, 넋이 빠진, 도취한 마음을 뺏긴, 매료된, 몰두(몰입)하는, 무아지경인, 열렬한, 열심인, 열중하는, 재미있는, 주의가 쏠린, 집중하는, 현혹된, 호기심이 있는, 홀린, 흥미로운
희망	기대하는, 기운을 내는, 낙관하는, 용기를 얻는, 자신감을 얻은, 희망을 느끼는

【부정적 감정 형용사 목록표】

구 분	감정 형용사
걱정 / 긴장 / 두려움 / 불안	가슴이 두근거리는, 걱정스러운(되는), 겁나는, 겁먹은, 경외(외경)하는, 굳어버린(두려워서), 긴장된, 다리가 후들거리는, 두려운, 떨리는, 무서운, 발이 떨어지지 않는, 불안한, 소름끼치는, 조마조마한, 숨을 죽이게 하는, 숨이 막힐 것 같은, 심장이 멎는 것 같은, 애타는, 얼어붙은, 여유 없는, 염려하는, 조급한, 조바심 나는, 조심스러운, 진땀나는, 초조한, 손에 땀을 쥐게 하는

고민스러움 / 압박감 / 성가심	심란한, 고민되는, 답답한, 성가신, 짜증스러운, 불편한, 마음이 복잡한, 힘겨운, 부담스러운, 난감한, 중압감을 느끼는, 낭패 본(당한), 거슬리는, 신경이 날카로운, 귀찮은, 예민해진, 민감해진, 수심이 찬
고통스러움 / 상처받음 / 외로움	가슴이 찢어지는, 고독한, 고립된, 고통스러운, 괴로운, 비참한, 상처받은, 속상한, 쓸쓸한, 억울한, 억장이 무너지는, 외로운, 원통한, 참담한, 처량한, 처절한, 한 맺힌, 한스러운
슬픔 / 절망 / 무기력	기운 없는, 눈물이 나는, 눈시울이 뜨거워지는, 막막한, 맥빠진, 무기력한, 불행한, 상심한, 서글픈, 슬픈, 서러운, 암담한, 앞이 안 보이는, 우울한, 울고 싶은, 울적한, 위축된, 의기소침한, 의욕 없는, 절망하는, 주눅 든, 침울한, 코가 시큰한, 희망이 없는, 힘 빠진, 힘없는
놀람 / 충격	경악을 금치 못하는, 기막힌, 깜짝 놀란, 놀란, 덜컥 하는, 쇼크 먹은, 아연실색하는, 아찔한, 움찔하는, 어안이 벙벙한, 충격적인, 하늘이 무너지는, 할 말을 잃은, 황당한
단절감 / 마비	거리감이 느껴지는, 냉담한, 냉랭한, 넋이 나간, 단절된, 마비된, 마음이 닫힌, 멍한, 몽롱한, 무감각한, 무감동한, 무관심한, 무신경한, 무심한, 물러선, 시큰둥한, 심드렁한, 싸늘한, 얼이 빠진, 정신을 잃은, 재미 없는, 흥미 없는
아쉬움 / 연민 / 허전함	공허한, 그리운, 불쌍한, 상실감을 느끼는, 아쉬운, 안쓰러운, 안타까운, 애끓는, 애도하는, 애절한, 애처로운, 연민을 느끼는, 짠한, 착잡한, 허무한, 허전한, 허탈한, 후회하는
지루함	권태로운, 단조로운, 무료한, 물린, 식상한, 심심한, 지겨운, 지루한
당황 / 수치심 / 죄책감	겸연쩍은, 곤혹스러운, 난처한, 당혹스러운, 당황한, 마음이 무거운, 멋쩍은, 미안한, 민망한, 부끄러운, 수줍은, 수치스러운, 쑥스러운, 죄스러운 / 죄책감이 드는, 창피한
부러움 / 간절함	간절한, 못 견디는, 부러운, 샘나는, 안달하는, 애타는, 절실한, 조급한, 질투 나는, 참지 못하는
피로감 / 지침	기운 빠진, 녹초가 된, 소진된, 졸린, 지친, 처지는, 탈진한, 피곤한, 피로한, 힘든
혐오감 / 미움	거북한, 거부감이 느껴지는, 경멸스러운, 느끼한, 넌더리나는, 메스꺼운, 멸시하는, 모욕적인, 못마땅한, 모멸감을 느끼는, 밉살스러운, 반감을 느끼는, 불쾌한, 섬뜩한, 소름 끼치는, 싫은, 싫증나는, 혐오스러운, 얄미운, 역겨운, 원한을 품은, 적개심을 느끼는, 적의를 느끼는, 증오하는, 질색하는 치욕스러운, 미운
분노 / 화	화난, 분한, 울화가 치미는, 분개한, 격분한, 성난, 열 받은, 신경질 나는, 짜증나는, 약 오른, 노여운, 노한, 격노한, 분격한, 격앙된
불만족 / 좌절 / 서운함	고까운, 기분 상함, 낙담한, 뒤틀린, 욕구불안인, 망연자실한, 불만인, 불만족한, 서운한, 섭섭한, 시무룩한, 실망한, 심통 나는, 야속한, 뚱한, 원망스러운, 좌절하는
불안정감 / 혼란 / 의혹	개운치 않은, 경계심을 느끼는, 기분(마음)이 오락가락하는, 동요되는, 마음이 안 놓이는, 미칠 것 같은, 망설이는, 마음이 편치 않은, 마음이 어지러운, 미심쩍은, 불안정한, 불편한, 산란한, 산만한, 생소한, 신경 쓰이는 아리송한, 안심이 안 되는, 안절부절 못하는, 애증이 교차하는, 어리둥절한, 어쩔 줄 모르는, 얼떨떨한, 의구심이 드는, 의심스러운, 의아한, 의혹을 느끼는, 좋았다 싫었다 하는, 주저하는, 찜찜한, 혼란스러운, 진퇴양난인, 혼미한

자료 : 이의용. 스무 살의 나의 비전, 학지사.

실습

스트레스 진단

자신의 스트레스 정도를 다음 내용을 통해 확인해 보자.

내 용	전혀 그렇지 않다	약간 그렇다	매우 그렇다
부모님이 늘 공부하라고 해서 짜증이 난다.			
부모님이 나의 일에 지나치게 간섭해서 짜증이 난다.			
부모님께서 시키시는 일이 너무 많아서 피곤하다.			
부모님이 내게 거는 기대와 요구가 지나치게 높아 부담스럽다.			
부모님이 내 성적에 너무 신경을 써서 부담스럽다.			
총 점 :			
우리 가족은 별로 화목하지 않아 속상하다.			
우리 집이 잘살지 못해서 서글프다.			
우리 집 분위기가 마음에 들지 않는다.			
부모님께서 자주 다퉈서 힘들다.			
가족들이 내게 관심을 보이지 않아서 불만이다.			
총 점 :			
마음에 맞는 친구가 없어서 우울하다.			
친구들이 나를 따돌리는 것 같아서 속상하다.			
친구들이 나를 무시하는 것 같아서 언짢다.			
친구들과 마음껏 어울리지 못해서 불만족스럽다.			
친구들과 이야기가 잘 통하지 않아서 불만족스럽다.			
총 점 :			
성적 때문에 신경이 많이 쓰인다.			
시험 때마다 불안하고 긴장된다.			
학원이나 과외 활동이 많아서 힘들다.			
앞으로 해야 할 공부를 생각하면 걱정이 앞선다.			
노력해도 성적이 오르지 않아 고민이 크다.			
총 점 :			

내 용	전혀 그렇지 않다	약간 그렇다	매우 그렇다
학교 숙제가 많아 부담스럽다.			
선생님들이 몇몇 학생들만을 편애하는 것 같아 불만족스럽다.			
학교생활에 적응하기가 힘들다.			
교실, 화장실 등 학교 시설을 이용하는 것이 불편하다.			
몇몇 선생님들의 수업 방식이 마음에 들지 않는다.			
총 점 :			
집에서 학교를 오고 가는데 시간이 많이 걸려 짜증이 난다.			
버스나 전철이 복잡해서 짜증이 난다.			
주위가 시끄러워 공부하는데 방해가 된다.			
우리 동네가 마음에 들지 않는다.			
집과 학교를 오고 가는데 교통편이 나빠서 불편하다.			
총 점 :			
스트레스 합산 점수			

자료 : 최정원 · 이영호. 효과적인 시간 · 공간 관리 전략 및 학업 스트레스 관리 전략, 학지사.

생각해 봅시다

아름다움

앨범을 꺼내 당신 인생의 여러 시기에 찍은 사진들을 한 번 살펴보세요. 그리고 그 중에 가장 당신이 빛나 보이는 사진이 언제, 무슨 일이 있었을 때 찍은 사진이던가요? 머리를 예쁘게 꾸미거나 화장을 완벽하게 한 상태가 아니더라도, 당신의 모습에서 마음 깊은 곳에서 비롯되어 눈빛을 통해 겉으로 드러나는 광채를 발견할 수 있을 것입니다.

이것이 바로 우리가 가지고 싶어 하는 종류의 아름다움입니다. 이 아름다움은 당신의 뇌가 최상인 상태, 즐겁고 의미 있는 일에 집중하고 있을 때 드러납니다. 당신이 흥미를 가지고 무언가에 열정을 쏟을 때 마음으로부터 우러나오는 기쁨과 즐거움이 발산되는 그 순간, 당신의 아름다움이 빛을 발하는 것입니다.

아름다운 뇌를 만드는 것이 우리의 외모와 무슨 상관이 있는지 의아해 하는 사람들이 있을 것입니다. 뇌의 활동은 우리의 생각을 무의식적으로 반영하는데, 이는 굉장히 미세한 얼굴의 표정까지 만들어 냅니다. 즉 뇌가 활성화되면 뇌에서 분출되는 화학물질이 바뀌면서 내부체계에 변화가 생깁니다. 이는 사람의 감정 중에서도 행복감과 만족감 같은 쾌감을 전달하는 도파민을 분출시켜 집중력을 향상시키고 산뜻한 기분을 만듭니다. 이러한 기분 좋은 생각이 당신의 얼굴에 그대로 드러나면서 매력적인 표정을 만들어내는 것입니다.

우리가 매일 공들여 하는 화장은, 지우고 나면 사라지는 아름다움에 불과합니다. 그러나 뇌에 필요한 단장을 하고 최고의 상태로 가꿀 때 생기는 변화의 힘은 매우 강하고 지속적입니다.

–「당신이 놓치고 있는 7가지 외모의 비밀」 중에서

REFERENCES

강규형(2014). 성과를 지배하는 바인더의 힘, StarRich Books.
강인호 외(2008). 성공적인 비즈니스 커뮤니케이션, 새로미.
강창균 외(2011). 버킷 리스트, 한국경제신문.
고선미 외(2015). 현대인의 대인관계와 의사소통 액션북, 공동체.
공병호(2014). 공병호의 자기경영노트, 21세기북스.
그라시안 외(2014). 나의 가치를 높이는 화술, 올댓북.
김경호(2011). 이미지메이킹 이론과 실제(제4판), 도서출판 높은오름.
김범준(2017). 모든 관계는 말투에서 시작된다, 위즈덤하우스.
김보경 외(2014). 성공적인 취업과 자기역량 강화, 한올.
김승규(2002). 말로 성공하기를 원하십니까, 아이디북.
김영란 외(2012). 프로페셔널 이미지메이킹, 경춘사.
김영준(2006). 성공 취업 클리닉백서, 백산출판사.
김영훈 외(2010). 서비스 네비게이션, 아카데미아.
김옥림(2017). 너, 무슨 말을 그렇게 해?, 팬덤북스.
김인기 외(2016). 성공취업진로, 양서원.
김주환(2011). 회복탄력성, 위즈덤하우스.
김충기(2004). 직업교육과 진로교육, 한국학술정보(주).
남미정(2016). 진로취업 매뉴얼, 학지사.
노구치 사토시 외(2015). 순식간에 마음을 사로잡는 대화습관, 지식여행.
노영희 외(2016). 국가공인 SMT Master, 한국학력평가원.
도미타 타카시 외(2008). 표현의 달인, 비전비엔피.
마셜 B. 로젠버그 외(2017). 비폭력대화, 바오출판사.
문소윤(2015). 서비스파워, 백산출판사.
문용린 외(2001). 서울대학교 사범대학 교육연구소.
문지현(2017). 자존감 대화법, 사람과 나무사이.
박봉수(2015). 돌아서서 후회하지 않는 대화법, 무한.
박선영 외(2014). 진로상담과 직업, 정민사.
박성희(2013). 공감, 학지사.

박소연 외(2011). 커뮤니케이션 유형, 새로미.
박윤희(2010). 진로교사의 가치 및 윤리적 이슈. 진로직한 상담교사 역량개발. 서울: 교육과학기술부.
______(2016). 진로탐색 및 직업선택, 시그마프레스.
박태현(2014). 처음 리더가 된 당신에게, 중앙북스.
박혜정 외(2013). 고객서비스 입문, 백산출판사.
법정 · 류시화(2006). 살아 있는 것은 다 행복하라, 조화로운삶.
사이토 다카시 외(2016). 지적 대화를 위한 대화법, 경향피비.
삼성에버랜드(2004). 서비스 BASIC, 삼성에버랜드서비스아카데미.
샘 혼(2011). 적을 만들지 않는 대화법, 갈매나무.
서일수 외(2013). 진로개발과 직업세계, 한빛아카데미.
손원영 외(2013). 대학생의 진로설계, 학지사.
신상훈(2016). 이제는 질문이다. 북샾일공칠.
신시아 샤피로 외(2007). 회사가 당신에게 알려주지 않는 50가지의 비밀, 서돌.
신영란(2016). 성공한 1% 리더들의 고품격 대화, 도서출판 평단.
엄경아 외(2015). 취업과 진로설계, 지식인.
엄명종(2013). 진로의 정석, 웅진웰북.
오미영(2013). 커뮤니케이션, 커뮤니케이션북스.
오수향(2016). 1등의 대화습관, 책들의정원.
유병훈(2014). 자기주도적 학습과정, 행복한교육이야기.
유용미(2003). 세상에서 가장 든든한 인맥지도를 그려라, 아라크네.
유채은 외(2014). 진로와 자기계발, 학지사.
윤선현(2012). 하루 15분 정리의 힘, 위즈덤하우스.
______(2014). 관계정리가 힘이다, 위즈덤하우스.
이숙영(2007). 이숙영의 맛있는 대화법, 스마트비즈니스.
이의용(2014). 스무살의 나의 비전, 학지사.
이인경(2013). 인파워& 서비스이미지메이킹, 백산출판사.
이정숙(2014). 이제는 매혹적인 대화법이 이긴다, 나무생각.
이지연(2001). 고등교육 단계에서의 효율적인 진로지도 방안 연구 : 4년제 일반대학을 중심으로. 서울: 한국직업능력개발원.
이해선 외(2014). 인성과 자기계발, 제2판, 정민사.
이형국 외(2012). 진로설계와 취업전략, 한올출판사.

________(2013). 경력개발과 취업전략, 한올.
________(2014). 진로탐색과 미래설계, 한올.
이혜범(2010). 이럴 때 이런 대화법 67, 원앤원북스.
임붕영(2012). 서비스리더십, 백산출판사.
임철웅(2016). 마음을 훔치는 대화법, 42 MEDIA CONTENTS.
자기경영연구소(2011). 자기계발 대사전, 북씽크.
장현갑(2012). 스트레스는 나의 힘, 불광출판사.
정병식 외(2013). 직업세계의 이해, 대왕사.
정병태(2015). 소통의 기술, 넥스웍.
정석용 외(2013). 자기계발과 직업(개정판), 동문사.
정윤경 외(2011). 2011 미래의 직업세계(직업편), 한국직업능력개발원, 교육과학기술부.
정정숙 외(2016). 마음을 움직이는 10가지 대화기술, 물푸레.
정철상(2013). 청춘의 진로 나침반, 매일경제신문사.
조남두(2007). 인간관계론, 동문사.
조성연 외(2013). 진로솔루션워크북, 학지사.
지희진(2014). 지교수의 행동하는 매너 메이킹 하는 이미지, 한올.
차현수 외(2015). SMAT, 영진닷컴.
최성애(2016). 행복일기, 책으로여는세상.
최손환 외(2017). 공동체와 직업윤리, 내하출판사.
최정원 외(2011). 효과적인 시간 · 공간 관리전략 및 학업 스트레스 관리전략, 학지사.
최현정(2015). 직장인 사춘기 고민상담소, 팜파스.
프란츠 베르거 외(2003). 10대를 위해 단순하게 살아라, 김영사.
한국생산성본부 외(2018). 서비스 경영자격 비즈니스 커뮤니케이션, 박문각.
한만열 외(2014). 인간관계와 심리, 백산출판사.
허은영(2014). 청소년 진로코칭, 우리교육.
황매향 외(2013). 진로탐색과 생애설계(제2판), 학지사.
황인태(2017). 리더에게 인정받는 직원의 40가지 비밀, 라온북.

Ginzberg, E., Ginsbug, S. W., Axelrad, S., & Heram, J. L.(1951). Occupational Choice. New York: Columbia University Press.
Hansen, L. s,. & Keierleber, D. L.(1978). Born free : A collaborative consultation model for career development and sex-role stereotyping. Personal and Guidance Journal, 56(7), 395-399.

Hoyt, K. B.(1974). An introduction to career education. U. S. Office of Education Policy Paper. Washington, DC: The Office.

Marini, M. M.(1978). Sex difference in the determination of adolescent aspiration : Areview of research, Sex Roles, 4, 723-753.

Mcdaniel, C.(1978). The practice of career guidance and counseling. INFORM, 7(1), 1-8.

Raynor, J. O., & Entin, E. E.(1982). Motivation, career striving, and aging. NewYork: Hemisphere.

Stephen P. Robbins, 김지성 역(2015). 조직행동론, PEARSON EDUCATION KOREA.

Werts, C. E.(1968). Parental influence on career choice, Journal of Counseling Psychology, 15, 48-52.

Profile

문소윤

영남대학교 학사
계명대학교대학원 경영학 석사
계명대학교대학원 교육학 박사수료

[현 재]
레브아이컨설팅 대표
대구보건대학교 겸임교수
대구공업대학교 외래교수
한국건강가정진흥원 가족친화직장 교육강사
대구시교육청 대구학부모역량개발센터 교육강사

[경 력]
계명문화대학교 외래교수
병무청 사회복무연수센터 소양교육 초빙강사
LG전자 한국서비스아카데미 강사
GS리테일 서비스아카데미 인재육성팀 강사
삼성전자 로지텍 물류센터 강사
삼성전자 부국물류 비상임강사
경북교통연수원 초빙강사
석세스이미지컨설팅 원장
한국가스공사 비서
HOTEL Inter-Burgo Front desk clerk
한국서비스진흥협회 자격시험 출제위원

성공의 차이를 만드는
의사소통과 자기계발